世界遺産シリーズ

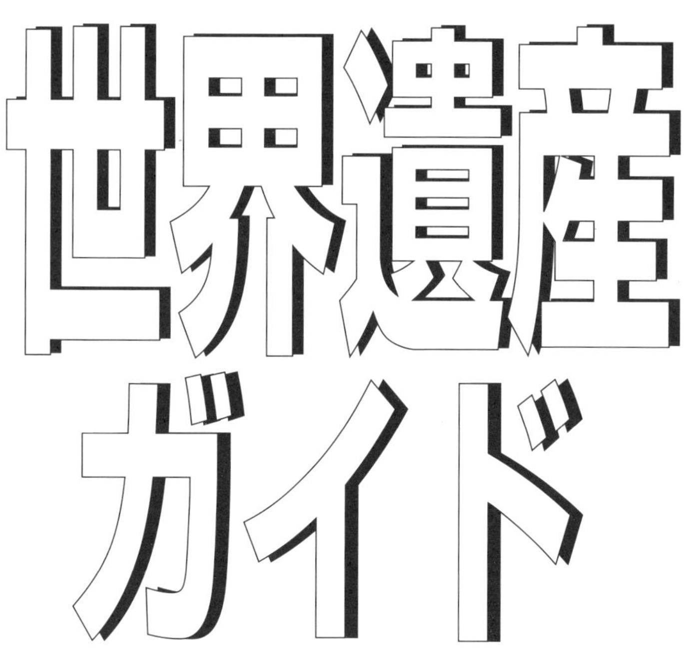

―サウジアラビア編―

《目　次》

■ユネスコ世界遺産の概要

■サウジアラビアの世界遺産

■サウジアラビアの世界無形文化遺産

■サウジアラビアの世界の記憶

本書の作成にあたり、下記の方々に写真や資料のご提供、ご協力をいただきました。

ユネスコ、ユネスコ世界遺産センター 、IUCN、ICOMOS、サウジアラビア王国環境・水・農業省、文化省、観光省、Saudi Tourism Authority、Saudi Vision 2030、在サウジアラビア日本国大使館、駐日サウジアラビア王国大使館、一般財団法人中東協力センター（略称JCCME）、独立行政法人日本貿易振興機構（ジェトロ）

【表紙と裏表紙の写真】

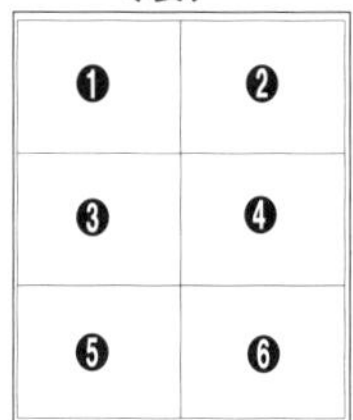

（裏）

❼

❶ ディライーヤのツライフ地区（文化遺産）
❷ アハサー・オアシス、進化する文化的景観（文化遺産）
❸ ヘグラの考古遺跡（アル・ヒジュル/マダイン・サーレハ）（文化遺産）
❹ ウルク・バニ・マアリッド（自然遺産）
❺ 歴史都市ジェッダ、メッカへの門（文化遺産）
❻ サウジアラビアのハーイル地方の岩絵（文化遺産）
❼ ヒマーの文化地域（文化遺産）

※世界遺産委員会別歴代議長

回次　開催年	開催都市（国名）	議長名（国名）
第１回 1977年	パリ（フランス）	Mr Firouz Bagherzadeh (Iran)
第２回 1978年	ワシントン（米国）	Mr Firouz Bagherzadeh (Iran)
第３回 1979年	ルクソール（エジプト）	Mr David Hales (U.S.A)
第４回 1980年	パリ（フランス）	Mr Michel Parent (France)
第５回 1981年	シドニー（オーストラリア）	Prof R.O.Slatyer (Australia)
第６回 1982年	パリ（フランス）	Prof R.O.Slatyer (Australia)
第７回 1983年	フィレンツェ（イタリア）	Mrs Vlad Borrelli (Italia)
第８回 1984年	ブエノスアイレス（アルゼンチン）	Mr Jorge Gazaneo (Argentina)
第９回 1985年	パリ（フランス）	Mr Amini Aza Mturi (United Republic of Tanzania)
第10回 1986年	パリ（フランス）	Mr James D. Collinson (Canada)
第11回 1987年	パリ（フランス）	Mr James D. Collinson (Canada)
第12回 1988年	ブラジリア（ブラジル）	Mr Augusto Carlo da Silva Telles (Brazil)
第13回 1989年	パリ（フランス）	Mr Azedine Beschaouch (Tunisia)
第14回 1990年	バンフ（カナダ）	Dr Christina Cameron (Canada)
第15回 1991年	カルタゴ（チュジニア）	Mr Azedine Beschaouch (Tunisia)
第16回 1992年	サンタフェ（米国）	Ms Jennifer Salisbury (United States of America)
第17回 1993年	カルタヘナ（コロンビア）	Ms Olga Pizano (Colombia)
第18回 1994年	プーケット（タイ）	Dr Adul Wichiencharoen (Thailand)
第19回 1995年	ベルリン（ドイツ）	Mr Horst Winkelmann (Germany)
第20回 1996年	メリダ（メキシコ）	Ms Maria Teresa Franco y Gonzalez Salas (Mexico)
第21回 1997年	ナポリ（イタリア）	Prof Francesco Francioni (Italy)
第22回 1998年	京都（日本）	H.E. Mr Koichiro Matsuura (Japan)
第23回 1999年	マラケシュ（モロッコ）	Mr Abdelaziz Touri (Morocco)
第24回 2000年	ケアンズ（オーストラリア）	Mr Peter King (Australia)
第25回 2001年	ヘルシンキ（フィンランド）	Mr Henrik Lilius (Finland)
第26回 2002年	ブダペスト（ハンガリー）	Dr Tamas Fejerdy (Hungary)
第27回 2003年	パリ（フランス）	Ms Vera Lacoeuilhe (Saint Lucia)
第28回 2004年	蘇州（中国）	Mr Zhang Xinsheng (China)
第29回 2005年	ダーバン（南アフリカ）	Mr Themba P. Wakashe (South Africa)
第30回 2006年	ヴィリニュス（リトアニア）	H.E. Mrs Ina Marciulionyte (Lithuania)
第31回 2007年	クライストチャーチ（ニュージーランド）	Mr Tumu Te Heuheu (New Zealand)
第32回 2008年	ケベック（カナダ）	Dr Christina Cameron (Canada)
第33回 2009年	セビリア（スペイン）	Ms Maria Jesus San Segundo (Spain)
第34回 2010年	ブラジリア（ブラジル）	Mr Joao Luiz Silva Ferreira (Brazil)
第35回 2011年	パリ（フランス）	H.E. Mrs Mai Bint Muhammad Al Khalifa (Bahrain)
第36回 2012年	サンクトペテルブルク（ロシア）	H.E. Mrs Mitrofanova Eleonora (Russian Federation)
第37回 2013年	プノンペン（カンボジア）	Mr Sok An (Cambodia)
第38回 2014年	ドーハ（カタール）	H.E. Mrs Sheikha Al Mayassa Bint Hamad Bin Khalifa Al Thani (Qatar)
第39回 2015年	ボン（ドイツ）	Prof Maria Bohmer (Germany)
第40回 2016年	イスタンブール（トルコ）パリ（フランス）	Ms Lale Ulker (Turkey)
第41回 2017年	クラクフ（ポーランド）	Mr Jacek Purchla (Poland)
第42回 2018年	マナーマ（バーレーン）	Sheikha Haya Rashed Al Khalifa (Bahrain)
第43回 2019年	バクー（アゼルバイジャン）	Mr. Abulfaz Garayev (Azerbaijan)
第44回 2021年	福州（中国）	H.E.Mr.Tian Xuejun(China)
臨　時 2023年	パリ（フランス）	H.H Princess Haifa Al Mogrin(Saudi Arabia)
第45回 2023年	リヤド（サウジアラビア）	Dr. Abdulelah Al-Tokhais(Saudi Arabia)

ユネスコ世界遺産の概要

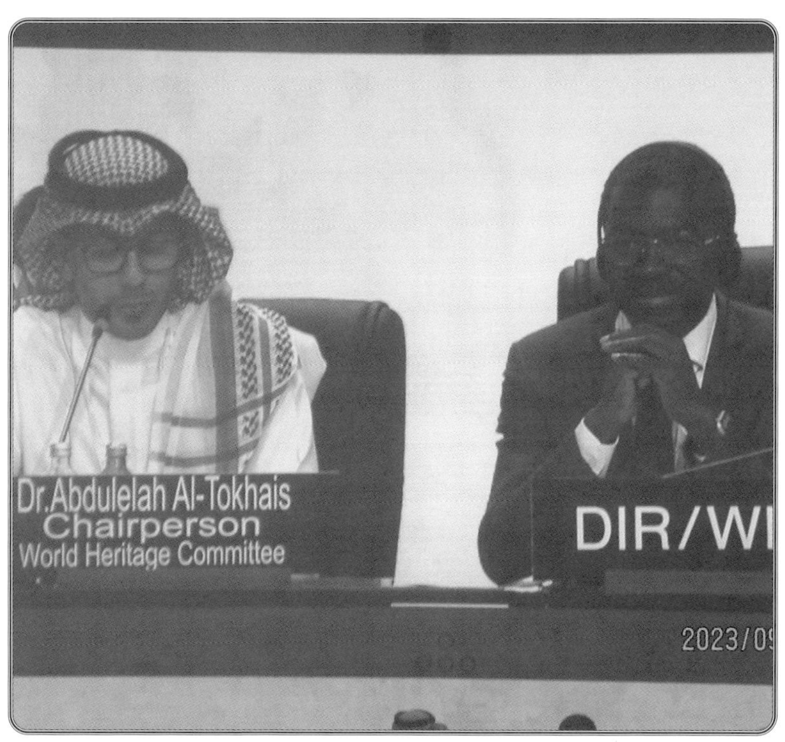

第45回世界遺産委員会拡大会合リヤド（サウジアラビア）会議2023

写真：サウジアラビアのDr.アブドゥーラ・アル・トカイス議長（左）
ユネスコのラザレ・エルンドゥ・アソモ世界遺産センター所長（右）

1 ユネスコとは

ユネスコ（UNESCO＝United Nations Educational, Scientific and Cultural Organization）は、国連の教育、科学、文化分野の専門機関。人類の知的、倫理的連帯感の上に築かれた恒久平和を実現するために1946年11月4日に設立された。その活動領域は、教育、自然科学、人文・社会科学、文化、それに、コミュニケーション・情報。ユネスコ加盟国は、現在193か国、準加盟地域12。ユネスコ本部はフランスのパリにあり、世界各地に55か所の地域事務所がある。職員数は2,351人（うち邦人職員は58人）、2022～2023年（2年間）の予算は、1,447,757,820米ドル（注：加盟国の分担金、任意拠出金等全ての資金の総額）。主要国分担率（*2022年）は、中国（19.704%）、日本（10.377%　わが国分担金額：令和4年度：約31億円）、ドイツ（7.894%）、英国（5.651%）、フランス（5.578%）。事務局長は、オードレイ・アズレー氏**（Audrey Azoulay　フランス前文化通信大臣）。

*日本は中国に次いで第2位の分担金拠出国（注：2018年に米国が脱退し、また、2019年～2021年の新国連分担率により、2019年から中国が最大の分担金拠出国となった。）として、ユネスコに財政面から貢献するとともに、ユネスコの管理・運営を司る執行委員会委員国として、ユネスコの管理運営に直接関与している。

**1972年パリ生まれ、パリ政治学院、フランス国立行政学院（ENA）、パリ大学に学ぶ。フランス国立映画センター（CNC）、大統領官邸文化広報顧問等重要な役職を務め、フランスの国際放送の立ち上げや公共放送の改革などに取り組みなど文化行政にかかわり、文化通信大臣を務める。2017年3月のイタリアのフィレンツェでの第1回G7文化大臣会合での文化遺産保護（特に武力紛争下における保護）の重要性など「国民間の対話の手段としての文化」に関する会合における「共同宣言」への署名などに主要な役割を果たし、2017年11月、イリーナ・ボコヴァ氏に続く女性としては二人目、フランス出身のユネスコ事務局長は1962～1974年まで務めたマウ氏に続いて2人目のユネスコ事務局長に就任。

＜ユネスコの歴代事務局長＞

	出身国	在任期間
1. ジュリアン・ハクスリー	イギリス	1946年12月～1948年12月
2. ハイメ・トレス・ボデー	メキシコ	1948年12月～1952年12月
（代理）ジョン・W・テイラー	アメリカ	1952年12月～1953年 7月
3. ルーサー・H・エバンス	アメリカ	1953年 7月～1958年12月
4. ヴィットリーノ・ヴェロネーゼ	イタリア	1958年12月～1961年11月
5. ルネ・マウ	フランス	1961年11月～1974年11月
6. アマドゥ・マハタール・ムボウ	セネガル	1974年11月～1987年11月
7. フェデリコ・マヨール	スペイン	1987年11月～1999年11月
8. 松浦晃一郎	日本	1999年11月～2009年11月
9. イリーナ・ボコヴァ	ブルガリア	2009年11月～2017年11月
10. オードレイ・アズレー	フランス	2017年11月～現在

ユネスコの事務局長選挙は、58か国で構成する執行委員会が実施し、過半数である30か国の支持を得た候補者が当選する。
投票は当選者が出るまで連日行われ、決着がつかない場合は上位2人が決選投票で勝敗を決める。
ユネスコ総会での信任投票を経て、就任する。任期は4年。

2 世界遺産とは

世界遺産（World Heritage）とは、世界遺産条約に基づきユネスコの世界遺産リストに登録されている世界的に「顕著な普遍的価値」（Outstanding Universal Value）を有する遺跡、建造物群、モニュメントなどの文化遺産、それに、自然景観、地形・地質、生態系、生物多様性などの自然遺産など国家や民族を超えて未来世代に引き継いでいくべき人類共通のかけがえのない自然と文化の遺産をいう。

3 ユネスコ世界遺産が準拠する国際条約

世界の文化遺産及び自然遺産の保護に関する条約（通称：**世界遺産条約**）
（Convention for the Protection of the World Cultural and Natural Heritage）
＜1972年11月開催の第17回ユネスコ総会で採択＞

*ユネスコの世界遺産に関する基本的な考え方は、世界遺産条約にすべて反映されているが、この世界遺産条約を円滑に履行していくためのガイドライン（Operational Guidelines for the Implementation of the World Heritage Convention）を設け、その中で世界遺産リストの登録基準、或は、危機にさらされている世界遺産リストの登録基準や世界遺産基金の運用などについて細かく定めている。

④世界遺産条約の成立の経緯とその後の展開

1872年　アメリカ合衆国が、世界で最初の国立公園法を制定。
イエローストーンが世界最初の国立公園になる。
1948年　IUCN（国際自然保護連合）が発足。
1954年　ハーグで「軍事紛争における文化財の保護のための条約」を採択。
1959年　アスワン・ハイ・ダムの建設（1970年完成）でナセル湖に水没する危機にさらされたエジプトのヌビア遺跡群の救済を目的としたユネスコの国際的キャンペーン。文化遺産保護に関する条約の草案づくりを開始。
〃　ICCROM（文化財保存修復研究国際センター）が発足。
1962年　IUCN第1回世界公園会議、アメリカのシアトルで開催、「国連保護地域リスト」（United Nations List of Protected Areas）の整備。
1960年代半ば　アメリカ合衆国や国連環境会議などを中心にした自然遺産保護に関する条約の模索と検討。
1964年　ヴェネツィア憲章採択。
1965年　ICOMOS（国際記念物遺跡会議）が発足。
1965年　米国ホワイトハウス国際協力市民会議「世界遺産トラスト」（World Heritage Trust）の提案。
1966年　スイス・ルッツェルンでの第9回IUCN・国際自然保護連合の総会において、世界的な価値のある自然地域の保護のための基金の創設について議論。
1967年　アムステルダムで開催された国際会議で、アメリカ合衆国が自然遺産と文化遺産を総合的に保全するための「世界遺産トラスト」を設立することを提唱。
1970年　「文化財の不正な輸入、輸出、および所有権の移転を禁止、防止する手段に関する条約」を採択。
1971年　ニクソン大統領、1972年のイエローストーン国立公園100周年を記念し、「世界遺産トラスト」を提案（ニクソン政権に関するメッセージ）、この後、IUCN（国際自然保護連合）とユネスコが世界遺産の概念を具体化するべく世界遺産条約の草案を作成。
〃　ユネスコとICOMOS（国際記念物遺跡会議）による「普遍的価値を持つ記念物、建造物群、遺跡の保護に関する条約案」提示。
1972年　ユネスコはアメリカの提案を受けて、自然・文化の両遺産を統合するための専門家会議を開催、これを受けて両草案はひとつにまとめられた。
〃　ストックホルムで開催された国連人間環境会議で条約の草案報告。
〃　パリで開催された第17回ユネスコ総会において採択。
1975年　世界の文化遺産及び自然遺産の保護に関する条約発効。
1977年　第1回世界遺産委員会がパリにて開催される。
1978年　第2回世界遺産委員会がワシントンにて開催される。
イエローストーン、メサ・ヴェルデ、ナハニ国立公園、ランゾーメドーズ国立歴史公園、ガラパゴス諸島、キト、アーヘン大聖堂、ヴィエリチカ塩坑、クラクフの歴史地区、シミエン国立公園、ラリベラの岩の教会、ゴレ島の12物件が初の世界遺産として登録される。（自然遺産4　文化遺産8）
1989年　日本政府、日本信託基金をユネスコに設置。
1992年　ユネスコ事務局長、ユネスコ世界遺産センターを設立。
1996年　IUCN第1回世界自然保護会議、カナダのモントリオールで開催。
2000年　ケアンズ・デシジョンを採択。
2002年　国連文化遺産年。
〃　ブダペスト宣言採択。
〃　世界遺産条約採択30周年。
2004年　蘇州デシジョンを採択。
2006年　無形遺産の保護に関する条約が発効。

〃	ユネスコ創設60周年。
2007年	文化的表現の多様性の保護および促進に関する条約が発効。
2009年	水中文化遺産保護に関する条約が発効。
2011年	第18回世界遺産条約締約国総会で「世界遺産条約履行の為の戦略的行動計画 2012～2022」を決議。
2012年	世界遺産条約採択40周年記念行事 メイン・テーマ「世界遺産と持続可能な発展：地域社会の役割」
2015年	平和の大切さを再認識する為の「世界遺産に関するボン宣言」を採択。
2016年10月24～26日	第40回世界遺産委員会イスタンブール会議は、不測の事態で3日間中断、未審議となっていた登録範囲の拡大など境界変更の申請、オペレーショナル・ガイドラインズの改訂など懸案事項の審議を、パリのユネスコ本部で再開。
2017年	世界遺産条約締約国数　193か国（8月現在）
2017年10月5～6日	ドイツのハンザ都市リューベックで第3回ヨーロッパ世界遺産協会の会議。
2018年9月10日	「モスル精神の復活：モスル市の復興の為の国際会議」をユネスコ本部で開催。
2021年7月	第44回世界遺産委員会福州会議から、新登録に関わる登録推薦件数は1国1件、審査件数の上限は35になった。
2021年7月18日	世界遺産保護と国際協力の重要性を宣言する「福州宣言」を採択。
2022年	世界遺産条約採択50周年
2030年	持続可能な開発目標（SDGs）17ゴール

5 世界遺産条約の理念と目的

「顕著な普遍的価値」(Outstanding Universal Value）を有する自然遺産および文化遺産を人類全体のための世界遺産として、破壊、損傷等の脅威から保護・保存することが重要であるとの観点から、国際的な協力および援助の体制を確立することを目的としている。

6 世界遺産条約の主要規定

●保護の対象は、遺跡、建造物群、記念工作物、自然の地域等で普遍的価値を有するもの(第1～3条）。
●締約国は、自国内に存在する遺産を保護する義務を認識し、最善を尽くす（第4条)。
また、自国内に存在する遺産については、保護に協力することが国際社会全体の義務であることを認識する（第6条)。
●「世界遺産委員会」(委員国は締約国から選出)の設置(第8条)。「世界遺産委員会」は、各締約国が推薦する候補物件を審査し、その結果に基づいて「世界遺産リスト」、また、大規模災害、武力紛争、各種開発事業、それに、自然環境の悪化などの事由で、極度な危機にさらされ緊急の救済措置が必要とされる物件は「危機にさらされている世界遺産リスト」を作成する。(第11条)。
●締約国からの要請に基づき、「世界遺産リスト」に登録された物件の保護のための国際的援助の供与を決定する。同委員会の決定は、出席しかつ投票する委員国の2／3以上の多数による議決で行う（第13条)。
●締約国の分担金（ユネスコ分担金の1%を超えない額)、および任意拠出金、その他の寄付金等を財源とする、「世界遺産」のための「世界遺産基金」を設立（第15条、第16条)。
●「世界遺産委員会」が供与する国際的援助は、調査・研究、専門家派遣、研修、機材供与、資金協力等の形をとる（第22条)。
●締約国は、自国民が「世界遺産」を評価し尊重することを強化するための教育・広報活動に努める（第27条)。

7 世界遺産条約の事務局と役割

ユネスコ世界遺産センター（UNESCO World Heritage Centre）

所長：ラザレ・エルンドゥ・アソモ（Mr.Lazare Eloundou Assomo　2021年12月～
（専門分野　建築学、都市計画など
2014年からユネスコ・バマコ（マリ）事務所長、2016年からユネスコ世界遺産センター副所長、2021年12月から現職、カメルーン出身）

7 place de Fontenoy　75352 Paris 07 SP　France　TEL33-1-45681889　Fax 33-1-45685570

電子メール：wh-info@unesco.org　インターネット：http://www.unesco.org/whc

ユネスコ世界遺産センターは1992年にユネスコ事務局長によって設立され、ユネスコの組織では、現在、文化セクターに属している。スタッフ数、組織、主な役割と仕事は、次の通り。

＜スタッフ数＞　約60名

＜組織＞

自然遺産課、政策、法制整備課、促進・広報・教育課、アフリカ課、アラブ諸国課、アジア・太平洋課、ヨーロッパ課、ラテンアメリカ・カリブ課、世界遺産センター事務部

＜主な役割と仕事＞

- ●世界遺産ビューロー会議と世界遺産委員会の運営
- ●締結国に世界遺産を推薦する準備のためのアドバイス
- ●技術的な支援の管理
- ●危機にさらされた世界遺産への緊急支援
- ●世界遺産基金の運営
- ●技術セミナーやワークショップの開催
- ●世界遺産リストやデータベースの作成
- ●世界遺産の理念を広報するための教育教材の開発。

＜ユネスコ世界遺産センターの歴代所長＞

	出身国	在任期間
●バーン・フォン・ドロステ（Bernd von Droste）	ドイツ	1992年～1999年
●ムニール・ブシュナキ（Mounir Bouchenaki）	アルジェリア	1999年～2000年
●フランチェスコ・バンダリン（Francesco Bandarin）	イタリア	2000年9月～2010年
●キショール・ラオ（Kishore Rao）	インド	2011年3月～2015年8月
●メヒティルト・ロスラー（Mechtild Rossler）	ドイツ	2015年9月～

8 世界遺産条約の締約国（195の国と地域）と世界遺産の数（168の国と地域 1199物件）

2023年10月現在、168の国と地域1199件（**自然遺産** 227件、**文化遺産** 933件、**複合遺産** 39件）が、このリストに記載されている。また、大規模災害、武力紛争、各種開発事業、それに、自然環境の悪化などの事由で、極度な危機にさらされ緊急の救済措置が必要とされる物件は「**危機にさらされている世界遺産リスト**」（略称 危機遺産リスト 本書では、★**【危機遺産】**と表示）に登録され、2023年10月現在、56件（35の国と地域）が登録されている。

＜地域別・世界遺産条約締約日順＞　※地域分類は、ユネスコ世界遺産センターの分類に準拠。

<アフリカ>締約国（46か国）　※国名の前の番号は、世界遺産条約の締約順。

国　名	世界遺産条約締約日	自然遺産	文化遺産	複合遺産	合計	【うち危機遺産】
8 コンゴ民主共和国	1974年 9月23日 批准（R）	5	0	0	5	(4)
9 ナイジェリア	1974年10月23日 批准（R）	0	2	0	2	(0)
10 ニジェール	1974年12月23日 受諾（Ac）	2 *㉟	1	0	3	(1)
16 ガーナ	1975年 7月 4日 批准（R）	0	2	0	2	(0)
21 セネガル	1976年 2月13日 批准（R）	2	5 *⑱	0	7	(1)
27 マリ	1977年 4月 5日 受諾（Ac）	0	3	1	4	(3)
30 エチオピア	1977年 7月 6日 批准（R）	2	9	0	11	(0)
31 タンザニア	1977年 8月 2日 批准（R）	3	3	1	7	(1)
44 ギニア	1979年 3月18日 批准（R）	1 *②	0	0	1	(1)
51 セイシェル	1980年 4月 9日 受諾（Ac）	2	0	0	2	(0)
55 中央アフリカ	1980年12月22日 批准（R）	2 *㉖	0	0	2	(1)
56 コートジボワール	1981年 1月 9日 批准（R）	3 *②	2	0	5	(1)
61 マラウイ	1982年 1月 5日 批准（R）	1	1	0	2	(0)
64 ブルンディ	1982年 5月19日 批准（R）	0	0	0	0	(0)
65 ベナン	1982年 6月14日 批准（R）	1 *㉟	1	0	2	(0)
66 ジンバブエ	1982年 8月16日 批准（R）	2 *①	3	0	5	(0)
68 モザンビーク	1982年11月27日 批准（R）	0	1	0	1	(0)
69 カメルーン	1982年12月 7日 批准（R）	2 *㉖	0	0	2	(0)
74 マダガスカル	1983年 7月19日 批准（R）	2	1	0	3	(1)
80 ザンビア	1984年 6月 4日 批准（R）	1 *①	0	0	1	(0)
90 ガボン	1986年12月30日 批准（R）	1	0	1	2	(0)
93 ブルキナファソ	1987年 4月 2日 批准（R）	1 *㉟	2	0	3	(0)
94 ガンビア	1987年 7月 1日 批准（R）	0	2 *⑱	0	2	(0)
97 ウガンダ	1987年11月20日 受諾（Ac）	2	1	0	3	(1)
98 コンゴ	1987年12月10日 批准（R）	2 *㉖	0	0	2	(0)
100 カーボヴェルデ	1988年 4月28日 受諾（Ac）	0	1	0	1	(0)
115 ケニア	1991年 6月 5日 受諾（Ac）	3	4	0	7	(0)
120 アンゴラ	1991年11月 7日 批准（R）	0	1	0	1	(0)
143 モーリシャス	1995年 9月19日 批准（R）	0	2	0	2	(0)
149 南アフリカ	1997年 7月10日 批准（R）	4	5	1 *㉘	10	(0)
152 トーゴ	1998年 4月15日 受諾（Ac）	0	1	0	1	(0)
155 ボツワナ	1998年11月23日 受諾（Ac）	1	1	0	2	(0)
156 チャド	1999年 6月23日 批准（R）	1	0	1	2	(0)
158 ナミビア	2000年 4月 6日 受諾（Ac）	1	1	0	2	(0)
160 コモロ	2000年 9月27日 批准（R）	0	0	0	0	(0)
161 ルワンダ	2000年12月28日 受諾（Ac）	1	1	0	2	(0)
167 エリトリア	2001年10月24日 受諾（Ac）	0	1	0	1	(0)
168 リベリア	2002年 3月28日 受諾（Ac）	0	0	0	0	(0)
177 レソト	2003年11月25日 受諾（Ac）	0	0	1 *㉘	1	(0)
179 シエラレオネ	2005年 1月 7日 批准（R）	0	0	0	0	(0)
181 スワジランド	2005年11月30日 批准（R）	0	0	0	0	(0)
182 ギニア・ビサウ	2006年 1月28日 批准（R）	0	0	0	0	(0)
184 サントメ・プリンシペ	2006年 7月25日 批准（R）	0	0	0	0	(0)
185 ジブチ	2007年 8月30日 批准（R）	0	0	0	0	(0)
187 赤道ギニア	2010年 3月10日 批准（R）	0	0	0	0	(0)
192 南スーダン	2016年 3月 9日 批准（R）	0	0	0	0	(0)
合計	36か国	42	56	5	103	(15)
	（　）内は複数国にまたがる物件	(4)	(1)	(1)	(6)	(1)

＜アラブ諸国＞締約国（20の国と地域）　※国名の前の番号は、世界遺産条約の締約順。

	国　名	世界遺産条約締約日	自然遺産	文化遺産	複合遺産	合計	【うち危機遺産】
2	エジプト	1974年 2月 7日 批准 (R)	1	6	0	7	(1)
3	イラク	1974年 3月 5日 受諾 (Ac)	0	5	1	6	(3)
5	スーダン	1974年 6月 6日 批准 (R)	1	2	0	3	(0)
6	アルジェリア	1974年 6月24日 批准 (R)	0	6	1	7	(0)
12	チュニジア	1975年 3月10日 批准 (R)	1	8	0	9	(0)
13	ヨルダン	1975年 5月 5日 批准 (R)	0	5	1	6	(1)
17	シリア	1975年 8月13日 受諾 (Ac)	0	6	0	6	(6)
20	モロッコ	1975年10月28日 批准 (R)	0	9	0	9	(0)
38	サウジアラビア	1978年 8月 7日 受諾 (Ac)	1	6	0	7	(0)
40	リビア	1978年10月13日 批准 (R)	0	5	0	5	(5)
54	イエメン	1980年10月 7日 批准 (R)	1	4	0	5	(4)
57	モーリタニア	1981年 3月 2日 批准 (R)	1	1	0	2	(0)
60	オマーン	1981年10月 6日 受諾 (Ac)	0	5	0	5	(0)
70	レバノン	1983年 2月 3日 批准 (R)	0	6	0	6	(1)
81	カタール	1984年 9月12日 受諾 (Ac)	0	1	0	1	(0)
114	バーレーン	1991年 5月28日 批准 (R)	0	3	0	3	(0)
163	アラブ首長国連邦	2001年 5月11日 加入 (A)	0	1	0	1	(0)
171	クウェート	2002年 6月 6日 批准 (R)	0	0	0	0	(0)
189	パレスチナ	2011年12月 8日 批准 (R)	0	4	0	4	(3)
194	ソマリア	2020年 7月23日 批准 (R)	0	0	0	0	(0)
	合計	18の国と地域	6	84	3	93	(24)

＜アジア・太平洋＞締約国（44か国）　※国名の前の番号は、世界遺産条約の締約順。

	国　名	世界遺産条約締約日	自然遺産	文化遺産	複合遺産	合計	【うち危機遺産】
7	オーストラリア	1974年 8月22日 批准 (R)	12	4	4	20	(0)
11	イラン	1975年 2月26日 受諾 (Ac)	2	25	0	27	(0)
24	パキスタン	1976年 7月23日 批准 (R)	0	6	0	6	(0)
34	インド	1977年11月14日 批准 (R)	8	33＊[33]	1	42	(0)
36	ネパール	1978年 6月20日 受諾 (Ac)	2	2	0	4	(0)
45	アフガニスタン	1979年 3月20日 批准 (R)	0	2	0	2	(2)
52	スリランカ	1980年 6月 6日 受諾 (Ac)	2	6	0	8	(0)
75	バングラデシュ	1983年 8月 3日 受諾 (Ac)	1	2	0	3	(0)
82	ニュージーランド	1984年11月22日 批准 (R)	2	0	1	3	(0)
86	フィリピン	1985年 9月19日 批准 (R)	3	3	0	6	(0)
87	中国	1985年12月12日 批准 (R)	14	39＊[30]	4	57	(0)
88	モルジブ	1986年 5月22日 受諾 (Ac)	0	0	0	0	(0)
92	ラオス	1987年 3月20日 批准 (R)	0	3	0	3	(0)
95	タイ	1987年 9月17日 受諾 (Ac)	3	4	0	7	(0)
96	ヴェトナム	1987年10月19日 受諾 (Ac)	2	5	1	8	(0)
101	韓国	1988年 9月14日 受諾 (Ac)	2	14	0	16	(0)
105	マレーシア	1988年12月 7日 批准 (R)	2	2	0	4	(0)
107	インドネシア	1989年 7月 6日 受諾 (Ac)	4	6	0	10	(1)
109	モンゴル	1990年 2月 2日 受諾 (Ac)	2＊[13][37]	4	0	6	(0)
113	フィジー	1990年11月21日 批准 (R)	0	1	0	1	(0)
121	カンボジア	1991年11月28日 受諾 (Ac)	0	4	0	4	(0)
123	ソロモン諸島	1992年 6月10日 加入 (A)	1	0	0	1	(1)
124	日本	1992年 6月30日 受諾 (Ac)	5	20＊[33]	0	25	(0)

127 タジキスタン	1992年 8月28日 承継の通告(S)	2	2	0	4	(0)
131 ウズベキスタン	1993年 1月13日 承継の通告(S)	2＊[32]	5	0	7	(1)
137 ミャンマー	1994年 4月29日 受諾 (Ac)	0	2	0	2	(0)
138 カザフスタン	1994年 4月29日 受諾 (Ac)	3＊[32]	3＊[30]	0	6	(0)
139 トルクメニスタン	1994年 9月30日 承継の通告(S)	1	4	0	5	(0)
142 キルギス	1995年 7月 3日 受諾 (Ac)	1＊[32]	2＊[30]	0	3	(0)
150 パプア・ニューギニア	1997年 7月28日 受諾 (Ac)	0	1	0	1	(0)
153 朝鮮民主主義人民共和国	1998年 7月21日 受諾 (Ac)	0	2	0	2	(0)
159 キリバス	2000年 5月12日 受諾 (Ac)	1	0	0	1	(0)
162 ニウエ	2001年 1月23日 受諾 (Ac)	0	0	0	0	(0)
164 サモア	2001年 8月28日 受諾 (Ac)	0	0	0	0	(0)
166 ブータン	2001年10月22日 批准 (R)	0	0	0	0	(0)
170 マーシャル諸島	2002年 4月24日 受諾 (Ac)	0	1	0	1	(0)
172 パラオ	2002年 6月11日 受諾 (Ac)	0	0	1	1	(0)
173 ヴァヌアツ	2002年 6月13日 批准 (R)	0	1	0	1	(0)
174 ミクロネシア連邦	2002年 7月22日 受諾 (Ac)	0	1	0	1	(1)
178 トンガ	2004年 4月30日 受諾 (Ac)	0	0	0	0	(0)
186 クック諸島	2009年 1月16日 批准 (R)	0	0	0	0	(0)
188 ブルネイ	2011年 8月12日 批准 (R)	0	0	0	0	(0)
190 シンガポール	2012年 6月19日 批准 (R)	0	1	0	1	(0)
193 東ティモール	2016年10月31日 批准 (R)	0	0	0	0	(0)
195 ツバル	2023年 5月18日 批准 (R)	0	0	0	0	(0)
合計	36か国	72	205	12	289	(6)
	( ) 内は複数国にまたがる物件	(3)	(2)		(5)	

<ヨーロッパ・北米>締約国(51か国) ※国名の前の番号は、世界遺産条約の締約順。

国 名	世界遺産条約締約日	自然遺産	文化遺産	複合遺産	合計	【うち危機遺産】
1 アメリカ合衆国	1973年12月 7日 批准 (R)	12＊[6][7]	12	1	25	(1)
4 ブルガリア	1974年 3月 7日 受諾 (Ac)	3＊[20]	7	0	10	(0)
15 フランス	1975年 6月27日 受諾 (Ac)	7	44＊[15][25][33][42]	1＊[10]	52	(0)
18 キプロス	1975年 8月14日 受諾 (Ac)	0	3	0	3	(0)
19 スイス	1975年 9月17日 批准 (R)	4＊[23]	9＊[21][25][33]	0	13	(0)
22 ポーランド	1976年 6月29日 批准 (R)	2＊[3]	15＊[14][29]	0	17	(0)
23 カナダ	1976年 7月23日 受諾 (Ac)	11＊[6][7]	10	1	22	(0)
25 ドイツ	1976年 8月23日 批准 (R)	3＊[20][22]	49＊[14][16][25][33][41][42][43]	0	52	(0)
28 ノルウェー	1977年 5月12日 批准 (R)	1	7＊[17]	0	8	(0)
37 イタリア	1978年 6月23日 批准 (R)	6＊[20][23]	53＊[5][21][25][36][42]	0	59	(0)
41 モナコ	1978年11月 7日 批准 (R)	0	0	0	0	(0)
42 マルタ	1978年11月14日 受諾 (Ac)	0	3	0	3	(0)
47 デンマーク	1979年 7月25日 批准 (R)	3＊[22]	8	0	11	(0)
53 ポルトガル	1980年 9月30日 批准 (R)	1	16＊[24]	0	17	(0)
59 ギリシャ	1981年 7月17日 批准 (R)	0	17	2	19	(0)
63 スペイン	1982年 5月 4日 受諾 (Ac)	4＊[20]	44＊[24][27]	2＊[10]	50	(0)
67 ヴァチカン	1982年10月 7日 加入 (A)	0	2＊[5]	0	2	(0)
71 トルコ	1983年 3月16日 批准 (R)	0	19	2	21	(0)
76 ルクセンブルク	1983年 9月28日 批准 (R)	0	1	0	1	(0)
79 英国	1984年 5月29日 批准 (R)	4	28＊[16][42]	1	33	(0)
83 スウェーデン	1985年 1月22日 批准 (R)	1 ＊[19]	13＊[17]	1	15	(0)
85 ハンガリー	1985年 7月15日 受諾 (Ac)	1＊[4]	8＊[12][41]	0	9	(0)

国名	世界遺産条約締約日		自然遺産	文化遺産	複合遺産	合計	【うち危機遺産】
91 フィンランド	1987年 3月 4日	批准 (R)	1＊[19]	6＊[17]	0	7	(0)
102 ベラルーシ	1988年10月12日	批准 (R)	1＊[3]	3＊[17]	0	4	(0)
103 ロシア連邦	1988年10月12日	批准 (R)	11＊[13]	20＊[11][17]	0	31	(0)
104 ウクライナ	1988年10月12日	批准 (R)	1＊[20]	7＊[17][29]	0	8	(1)
108 アルバニア	1989年 7月10日	批准 (R)	1＊[20]	2	1	4	(0)
110 ルーマニア	1990年 5月16日	受諾 (Ac)	2＊[20]	7	0	9	(1)
116 アイルランド	1991年 9月16日	批准 (R)	0	2	0	2	(0)
119 サン・マリノ	1991年10月18日	批准 (R)	0	1	0	1	(0)
122 リトアニア	1992年 3月31日	受諾 (Ac)	0	5＊[11][17]	0	5	(0)
125 クロアチア	1992年 7月 6日	承継の通告(S)	2＊[20]	8＊[34][36]	0	10	(0)
126 オランダ	1992年 8月26日	受諾 (Ac)	1＊[22]	12[40][43]	0	13	(0)
128 ジョージア	1992年11月 4日	承継の通告(S)	1	3	0	4	(0)
129 スロヴェニア	1992年11月 5日	承継の通告(S)	2＊[20]	3＊[25][27]	0	5	(0)
130 オーストリア	1992年12月18日	批准 (R)	1＊[20]	11＊[12][25][41][42]	0	12	(1)
132 チェコ	1993年 3月26日	承継の通告(S)	1	16＊[42]	0	17	(0)
133 スロヴァキア	1993年 3月31日	承継の通告(S)	2＊[4][20]	6[41]	0	8	(0)
134 ボスニア・ヘルツェゴヴィナ	1993年 7月12日	承継の通告(S)	1	3＊[34]	0	4	(0)
135 アルメニア	1993年 9月 5日	承継の通告(S)	0	3	0	3	(0)
136 アゼルバイジャン	1993年12月16日	批准 (R)	0	4	0	4	(0)
140 ラトヴィア	1995年 1月10日	受諾 (Ac)	0	3＊[17]	0	3	(0)
144 エストニア	1995年10月27日	批准 (R)	0	2＊[17]	0	2	(0)
145 アイスランド	1995年12月19日	批准 (R)	2	1	0	3	(0)
146 ベルギー	1996年 7月24日	批准 (R)	1＊[20]	15＊[15][33][40][42]	0	16	(0)
147 アンドラ	1997年 1月 3日	受諾 (Ac)	0	1	0	1	(0)
148 北マケドニア	1997年 4月30日	承継の通告(S)	1	0	1	2	(0)
157 イスラエル	1999年10月 6日	受諾 (Ac)	0	9	0	9	(0)
165 セルビア	2001年 9月11日	承継の通告(S)	0	5＊[34]	0	5	(1)
175 モルドヴァ	2002年 9月23日	批准 (R)	0	1＊[17]	0	1	(0)
183 モンテネグロ	2006年 6月 3日	承継の通告(S)	1	3＊[34][36]	0	4	(0)
合計	50か国		69	485	11	565	(5)
	（ ）内は複数国にまたがる物件		(11)	(15)	(2)		(28)

<ラテンアメリカ・カリブ>締約国(33か国)　※国名の前の番号は、世界遺産条約の締約順。

国名	世界遺産条約締約日		自然遺産	文化遺産	複合遺産	合計	【うち危機遺産】
14 エクアドル	1975年 6月16日	受諾 (Ac)	2	3＊[31]	0	5	(0)
26 ボリヴィア	1976年10月 4日	批准 (R)	1	6＊[31]	0	7	(1)
29 ガイアナ	1977年 6月20日	受諾 (Ac)	0	0	0	0	(0)
32 コスタリカ	1977年 8月23日	批准 (R)	3＊[8]	1	0	4	(0)
33 ブラジル	1977年 9月 1日	受諾 (Ac)	7	15＊[9]	1	23	(0)
35 パナマ	1978年 3月 3日	批准 (R)	3＊[8]	2	0	5	(1)
39 アルゼンチン	1978年 8月23日	受諾 (Ac)	5	7＊[9][31][33]	0	12	(0)
43 グアテマラ	1979年 1月16日	批准 (R)	0	3	1	4	(0)
46 ホンジュラス	1979年 6月 8日	批准 (R)	1	1	0	2	(1)
48 ニカラグア	1979年12月17日	受諾 (Ac)	0	2	0	2	(0)
49 ハイチ	1980年 1月18日	批准 (R)	0	1	0	1	(0)
50 チリ	1980年 2月20日	批准 (R)	0	7＊[31]	0	7	(1)
58 キューバ	1981年 3月24日	批准 (R)	2	7	0	9	(0)
62 ペルー	1982年 2月24日	批准 (R)	2	9＊[31]	2	13	(1)
72 コロンビア	1983年 5月24日	受諾 (Ac)	2	6＊[31]	1	9	(0)

73	ジャマイカ	1983年 6月14日 受諾（Ac）	0	0	1	1	(0)
77	アンチグア・バーブーダ	1983年11月 1日 受諾（Ac）	0	1	0	1	(0)
78	メキシコ	1984年 2月23日 受諾（Ac）	6	27	2	35	(1)
84	ドミニカ共和国	1985年 2月12日 批准（R）	0	1	0	1	(0)
89	セントキッツ・ネイヴィース	1986年 7月10日 受諾（Ac）	0	1	0	1	(0)
99	パラグアイ	1988年 4月27日 批准（R）	0	1	0	1	(0)
106	ウルグアイ	1989年 3月 9日 受諾（Ac）	0	3	0	3	(0)
111	ヴェネズエラ	1990年10月30日 受諾（Ac）	1	2	0	3	(1)
112	ベリーズ	1990年11月 6日 批准（R）	1	0	0	1	(1)
117	エルサルバドル	1991年10月 8日 受諾（Ac）	0	1	0	1	(0)
118	セントルシア	1991年10月14日 批准（R）	1	0	0	1	(0)
141	ドミニカ国	1995年 4月 4日 批准（R）	1	0	0	1	(0)
151	スリナム	1997年10月23日 受諾（Ac）	1	2	0	3	(0)
154	グレナダ	1998年 8月13日 受諾（Ac）	0	0	0	0	(0)
169	バルバドス	2002年 4月 9日 受諾（Ac）	0	1	0	1	(0)
176	セントヴィンセントおよびグレナディーン諸島	2003年 2月 3日 批准（R）	0	0	0	0	(0)
180	トリニダード・トバコ	2005年 2月16日 批准（R）	0	0	0	0	(0)
191	バハマ	2014年 5月15日 批准（R）	0	0	0	0	(0)
	合計	**28か国**	**38**	**103**	**8**	**149**	**(6)**
	（ ）内は複数国にまたがる物件		**(1)**	**(2)**		**(3)**	

		自然遺産	文化遺産	複合遺産	合計	【うち危機遺産】
総合計	**168の国と地域**	**227** **(16)**	**933** **(24)**	**39** **(3)**	**1199** **(43)**	**(55)** **(1)**

（注）「批准」とは、いったん署名された条約を、署名した国がもち帰って再検討し、その条約に拘束されることについて、最終的、かつ、正式に同意すること。批准された条約は、批准書を寄託者に送付することによって正式に効力をもつ。多数国条約の寄託者は、それぞれの条約で決められるが、世界遺産条約は、国連教育科学文化機関（ユネスコ）事務局長を寄託者としている。「批准」、「受諾」、「加入」のどの手続きをとる場合でも、「条約に拘束されることについての国の同意」としての効果は同じだが、手続きの複雑さが異なる。この条約の場合、「批准」、「受諾」は、ユネスコ加盟国がこの条約に拘束されることに同意する場合、「加入」は、ユネスコ非加盟国が同意する場合にそれぞれ用いる手続き。「批准」と他の2つの最大の違いは、わが国の場合、天皇による認証という手順を踏むこと。「受諾」、「承認」、「加入」の3つは、手続的には大きな違いはなく、基本的には寄託する文書の書式、タイトルが違うだけである。

（注）＊複数国にまたがる世界遺産（内複数地域にまたがるもの　3件）

①モシ・オア・トゥニャ（ヴィクトリア瀑布）	**自然遺産**	ザンビア、ジンバブエ	
②ニンバ山厳正自然保護区	**自然遺産**	ギニア、コートジボワール	**★【危機遺産】**
③ビャウォヴィエジャ森林	**自然遺産**	ベラルーシ、ポーランド	
④アグテレック・カルストとスロヴァキア・カルストの鍾乳洞群	**自然遺産**	ハンガリー、スロヴァキア	
⑤ローマ歴史地区、教皇領とサンパオロ・フォーリ・レ・ムーラ大聖堂	**文化遺産**	イタリア、ヴァチカン	
⑥クルエーン／ランゲルーセントエライアス／グレーシャーベイ／タッシェンシニ・アルセク	**自然遺産**	カナダ、アメリカ合衆国	
⑦ウォータートン・グレーシャー国際平和自然公園	**自然遺産**	カナダ、アメリカ合衆国	
⑧タラマンカ地方-ラ・アミスター保護区群／ラ・アミスター国立公園	**自然遺産**	コスタリカ、パナマ	
⑨グアラニー人のイエズス会伝道所	**文化遺産**	アルゼンチン、ブラジル	
⑩ピレネー地方-ペルデュー山	**複合遺産**	フランス、スペイン	

ユネスコ世界遺産の概要

⑮ベルギーとフランスの鐘楼群	**文化遺産**	ベルギー、フランス
⑯ローマ帝国の国境界線	**文化遺産**	英国、ドイツ
⑰シュトルーヴェの測地弧	**文化遺産**	ノルウェー、スウェーデン、フィンランド、エストニア、ラトヴィア、リトアニア、ロシア連邦、ベラルーシ、ウクライナ、モルドヴァ
⑱セネガンビアの環状列石群	**文化遺産**	ガンビア、セネガル
⑲ハイ・コースト／クヴァルケン群島	**自然遺産**	スウェーデン、フィンランド
⑳カルパチア山脈とヨーロッパの他の地域の原生ブナ林群	**自然遺産**	アルバニア、オーストリア、ベルギー、ボスニアヘルツェゴビナ、ブルガリア、クロアチア、チェコ、フランス、ドイツ、イタリア、北マケドニア、ポーランド、ルーマニア、スロヴェニア、スロヴァキア、スペイン、スイス、ウクライナ
㉑レーティシェ鉄道アルブラ線とベルニナ線の景観群	**文化遺産**	イタリア、スイス
㉒ワッデン海	**自然遺産**	ドイツ、オランダ
㉓モン・サン・ジョルジオ	**自然遺産**	イタリア、スイス
㉔コア渓谷とシエガ・ヴェルデの先史時代の岩壁画	**文化遺産**	ポルトガル、スペイン
㉕アルプス山脈周辺の先史時代の杭上住居群	**文化遺産**	スイス、オーストリア、フランス、ドイツ、イタリア、スロヴェニア
㉖サンガ川の三か国流域	**自然遺産**	コンゴ、カメルーン、中央アフリカ
㉗水銀の遺産、アルマデン鉱山とイドリャ鉱山	**文化遺産**	スペイン、スロヴェニア
㉘マロティ-ドラケンスバーグ公園	**複合遺産**	南アフリカ、レソト
㉙ポーランドとウクライナのカルパチア地方の木造教会群	**文化遺産**	ポーランド、ウクライナ
㉚シルクロード：長安・天山回廊の道路網	**文化遺産**	カザフスタン、キルギス、中国
㉛カパック・ニャン、アンデス山脈の道路網	**文化遺産**	コロンビア、エクアドル、ペルー、ボリヴィア、チリ、アルゼンチン
㉜西天山	**自然遺産**	カザフスタン、キルギス、ウズベキスタン
㉝ル・コルビュジエの建築作品－近代化運動への顕著な貢献	**文化遺産**	フランス、スイス、ベルギー、ドイツ、インド、日本、アルゼンチン
㉞ステチェツィの中世の墓碑群 **文化遺産**	**文化遺産**	ボスニア・ヘルツェゴヴィナ、クロアチア、セルビア、モンテネグロ
㉟W・アルリ・ペンジャリ国立公園遺産群	**自然遺産**	ニジェール、ベナン、ブルキナファソ
㊱16～17世紀のヴェネツィアの防衛施設群：スタート・ダ・テーラ-西スタート・ダ・マール	**文化遺産**	イタリア、クロアチア、モンテネグロ
㊲ダウリアの景観群	**自然遺産**	モンゴル、ロシア連邦
㊳オフリッド地域の自然・文化遺産	**複合遺産**	北マケドニア、アルバニア
㊴エルツ山地の鉱山地域	**文化遺産**	チェコ、ドイツ
㊵博愛の植民地群	**文化遺産**	ベルギー、オランダ
㊶ローマ帝国の国境線-ドナウのリーメス（西部分）	**文化遺産**	オーストリア、ドイツ、ハンガリー、スロヴァキア
㊷ヨーロッパの大温泉群	**文化遺産**	オーストリア、ベルギー、チェコ、フランス、ドイツ、イタリア、英国
㊸ローマ帝国の国境線―低地ゲルマニアのリーメス	**文化遺産**	ドイツ / オランダ
㊹寒冬のトゥラン砂漠群	**自然遺産**	カザフスタン、トルクメニスタン、ウズベキスタン
㊺シルクロード：ザラフシャン・カラクム回廊	**文化遺産**	タジキスタン、トルクメニスタン、ウズベキスタン
㊻第一次世界大戦（西部戦線）の追悼と記憶の場所	**文化遺産**	ベルギー、フランス
㊼バタマリバ人の土地クタマク	**文化遺産**	ベニン、トーゴ
㊽ヒルカニアの森林群	**自然遺産**	アゼルバイジャン、イラン

⑨ 世界遺産条約締約国総会の開催歴

回　次	開催都市（国名）	開催期間
第１回	ナイロビ（ケニア）	1976年11月26日
第２回	パリ（フランス）	1978年11月24日
第３回	ベオグラード（ユーゴスラヴィア）	1980年10月 7日
第４回	パリ（フランス）	1983年10月28日
第５回	ソフィア（ブルガリア）	1985年11月 4日
第６回	パリ（フランス）	1987年10月30日
第７回	パリ（フランス）	1989年11月 9日～11月13日
第８回	パリ（フランス）	1991年11月 2日
第９回	パリ（フランス）	1993年10月29日～10月30日
第10回	パリ（フランス）	1995年11月 2日～11月 3日
第11回	パリ（フランス）	1997年10月27日～10月28日
第12回	パリ（フランス）	1999年10月28日～10月29日
第13回	パリ（フランス）	2001年11月 6日～11月 7日
第14回	パリ（フランス）	2003年10月14日～10月15日
第15回	パリ（フランス）	2005年10月10日～10月11日
第16回	パリ（フランス）	2007年10月24日～10月25日
第17回	パリ（フランス）	2009年10月23日～10月28日
第18回	パリ（フランス）	2011年11月 7日～11月 8日
第19回	パリ（フランス）	2013年11月19日～11月21日
第20回	パリ（フランス）	2015年11月18日～11月20日
第21回	パリ（フランス）	2017年11月14日～11月15日
第22回	パリ（フランス）	2019年11月27日～11月28日
第23回	パリ（フランス）	2021年11月24日～11月26日
第24回	パリ（フランス）	2023年11月24日～11月26日

<u>臨　時</u>

回　次	開催都市（国名）	開催期間
第１回	パリ（フランス）	2014年11月22日～11月23日

⑩ 世界遺産委員会

世界遺産条約第8条に基づいて設置された政府間委員会で、「世界遺産リスト」と「危機にさらされている世界遺産リスト」の作成、リストに登録された遺産の保全状態のモニター、世界遺産基金の効果的な運用の検討などを行う。

（世界遺産委員会における主要議題 ）

- 定期報告（6年毎の地域別の世界遺産の状況、フォローアップ等）
- 「危険にさらされている世界遺産リスト」に登録されている物件のその後の改善状況の報告、「世界遺産リスト」に登録されている物件のうちリアクティブ・モニタリングに基づく報告
- 「世界遺産リスト」および「危険にさらされている世界遺産リスト」への登録物件の審議

【新登録関係の世界遺産委員会の4つの決議区分】

① 登録(記載)　(Inscription)　　世界遺産リストに登録(記載)するもの。

② 情報照会（Referral）　追加情報の提出を求めた上で、次回以降の世界遺産委員会で再審議するもの。

③ 登録(記載)延期（Deferral）　より綿密な調査や登録推薦書類の抜本的な改定が必要なもの。登録推薦書類を再提出した後、約１年半をかけて再度、専門機関のIUCNや

ICOMOSの審査を受ける必要がある。
④ 不登録(不記載) (Decision not to inscribe)　登録(記載)にふさわしくないもの。
例外的な場合を除いては、再度の登録推薦は不可。

●「世界遺産基金」予算の承認 と国際援助要請の審議
●グローバル戦略や世界遺産戦略の目標等の審議

⑪ 世界遺産委員会委員国

世界遺産委員会委員国は、世界遺産条約締結国の中から、世界の異なる地域および文化が均等に代表される様に選ばれた、21か国によって構成される。任期は原則6年であるが、4年に短縮できる。2年毎に開かれる世界遺産条約締約国総会で改選される。世界遺産委員会ビューローは、毎年、世界遺産委員会によって選出された7か国（◎議長国 1、○副議長国 5、□ラポルチュール(報告担当国) 1)によって構成される。2023年11月現在の世界遺産委員会の委員国は、下記の通り。

○アルゼンチン、ベルギー、ブルガリア、ギリシャ、□インド、○イタリア、
日本、メキシコ、カタール、ルワンダ、セントヴィンセントおよびグレナディーン諸島、ザンビア
(任期 第43回ユネスコ総会の会期終了＜2025年11月頃＞まで)

エジプト、エチオピア、マリ、ナイジェリア、オーマン、○タイ、○ロシア連邦、
◎サウジアラビア、○南アフリカ
(任期 第42回ユネスコ総会の会期終了＜2023年11月頃＞まで)

＜第45回世界遺産委員会＞

◎ **議長国** サウジアラビア
議長： Dr.アブドゥーラ・アル・トカイス (H.H Princess Haifa Al Mogrin)
キングサウード大学(リヤド)の助教授
○ **副議長国** アルゼンチン、イタリア、ロシア連邦、南アフリカ、タイ
□ **ラポルチュール(報告担当国)** シカール・ジャイン (インド)
↑
◎ **議長国** ロシア連邦
議長： アレクサンダー・クズネツォフ氏(H.E.Mr Alexander Kuznetsov)
ユネスコ全権大使
○ **副議長国** スペイン、セントキッツ・ネイヴィース、タイ、南アフリカ、サウジアラビア
□ **ラポルチュール(報告担当国)** シカール・ジャイン (インド)

＜第44回世界遺産委員会＞

◎ **議長国** 中国
議長： 田学軍(H.E. Mr. Tian Xuejun) 中国教育部副部長
○ **副議長国** バーレーン、グアテマラ、ハンガリー、スペイン、ウガンダ
□ **ラポルチュール(報告担当国)** バーレーン ミレイ・ハサルタン・ウォシンスキー
(Ms. Miray Hasaltun Wosinski)

＜第43回世界遺産委員会＞

◎ **議長国** アゼルバイジャン
議長： アブルファス・ガライェフ (H.E. Mr. Abulfaz Garayev)
○ **副議長国** ノルウェー、ブラジル、インドネシア、ブルキナファソ、チュニジア
□ **ラポルチュール(報告担当国)** オーストラリア マハニ・テイラー (Ms. Mahani Taylor)

＜第42回世界遺産委員会＞

◎ 議長国 バーレーン
議長：シャイハ・ハヤ・ラシード・アル・ハリーファ氏（Sheikha Haya Rashed Al Khalifa）
国際法律家

○ 副議長国 アゼルバイジャン、ブラジル、中国、スペイン、ジンバブエ

□ ラポルチュール（報告担当国） ハンガリー アンナ・E.ツァイヒナー（Ms.Anna E. Zeichner）

⑫ 世界遺産委員会の開催歴

通 常

回 次	開催都市（国名）	開催期間	登録物件数
第1回	パリ（フランス）	1977年 6月27日～ 7月 1日	0
第2回	ワシントン（アメリカ合衆国）	1978年 9月 5日～ 9月 8日	12
第3回	ルクソール（エジプト）	1979年10月22日～10月26日	45
第4回	パリ（フランス）	1980年 9月 1日～ 9月 5日	28
第5回	シドニー（オーストラリア）	1981年10月26日～10月30日	26
第6回	パリ（フランス）	1982年12月13日～12月17日	24
第7回	フィレンツェ（イタリア）	1983年12月 5日～12月 9日	29
第8回	ブエノスアイレス（アルゼンチン）	1984年10月29日～11月 2日	23
第9回	パリ（フランス）	1985年12月 2日～12月 6日	30
第10回	パリ（フランス）	1986年11月24日～11月28日	31
第11回	パリ（フランス）	1987年12月 7日～12月11日	41
第12回	ブラジリア（ブラジル）	1988年12月 5日～12月 9日	27
第13回	パリ（フランス）	1989年12月11日～12月15日	7
第14回	バンフ（カナダ）	1990年12月 7日～12月12日	17
第15回	カルタゴ（チュニジア）	1991年12月 9日～12月13日	22
第16回	サンタ・フェ（アメリカ合衆国）	1992年12月 7日～12月14日	20
第17回	カルタヘナ（コロンビア）	1993年12月 6日～12月11日	33
第18回	プーケット（タイ）	1994年12月12日～12月17日	29
第19回	ベルリン（ドイツ）	1995年12月 4日～12月 9日	29
第20回	メリダ（メキシコ）	1996年12月 2日～12月 7日	37
第21回	ナポリ（イタリア）	1997年12月 1日～12月 6日	46
第22回	京都（日本）	1998年11月30日～12月 5日	30
第23回	マラケシュ（モロッコ）	1999年11月29日～12月 4日	48
第24回	ケアンズ（オーストラリア）	2000年11月27日～12月 2日	61
第25回	ヘルシンキ（フィンランド）	2001年12月11日～12月16日	31
第26回	ブダペスト（ハンガリー）	2002年 6月24日～ 6月29日	9
第27回	パリ（フランス）	2003年 6月30日～ 7月 5日	24
第28回	蘇州（中国）	2004年 6月28日～ 7月 7日	34
第29回	ダーバン（南アフリカ）	2005年 7月10日～ 7月18日	24
第30回	ヴィリニュス（リトアニア）	2006年 7月 8日～ 7月16日	18
第31回	クライスト・チャーチ（ニュージーランド）	2007年 6月23日～ 7月 2日	22
第32回	ケベック（カナダ）	2008年 7月 2日～ 7月10日	27
第33回	セビリア（スペイン）	2009年 6月22日～ 6月30日	13
第34回	ブラジリア（ブラジル）	2010年 7月25日～ 8月 3日	21
第35回	パリ（フランス）	2011年 6月19日～ 6月29日	25
第36回	サンクトペテルブルク（ロシア連邦）	2012年 6月24日～ 7月 6日	26
第37回	プノンペン（カンボジア）	2013年 6月16日～ 6月27日	19

第38回	ドーハ（カタール）	2014年 6月15日～ 6月25日	26
第39回	ボン（ドイツ）	2015年 6月28日～ 7月 8日	24
第40回	イスタンブール（トルコ）	2016年 7月10日～ 7月17日＊	21
〃	パリ（フランス）	2016年10月24日～10月26日＊	
第41回	クラクフ（ポーランド）	2017年 7月 2日～ 7月12日	21
第42回	マナーマ（バーレーン）	2018年 6月24日～ 7月 4日	19
第43回	バクー（アゼルバイジャン）	2019年 6月30日～ 7月10日	29
第44回	福州（中国）	2021年 7月16日～ 7月31日	34
第45回	リヤド（サウジアラビア）	2023年 9月10日～ 9月25日	42

（注）当初登録された物件が、その後隣国を含めた登録地域の拡大・延長などで、新しい物件として統合・再登録された物件等を含む。
＊トルコでの不測の事態により、当初の会期を3日間短縮、10月にフランスのパリで審議継続した。

臨　時

回　次	開催都市（国名）	開催期間	登録物件数
第１回	パリ（フランス）	1981年 9月10日～ 9月11日	1
第２回	パリ（フランス）	1997年10月29日	
第３回	パリ（フランス）	1999年 7月12日	
第４回	パリ（フランス）	1999年10月30日	
第５回	パリ（フランス）	2001年 9月12日	
第６回	パリ（フランス）	2003年 3月17日～ 3月22日	
第７回	パリ（フランス）	2004年12月 6日～12月11日	
第８回	パリ（フランス）	2007年10月24日	
第９回	パリ（フランス）	2010年 6月14日	
第10回	パリ（フランス）	2011年11月 9日	
第11回	パリ（フランス）	2015年11月19日	
第12回	パリ（フランス）	2017年11月15日	
第13回	パリ（フランス）	2019年11月29日	
第14回	オンライン	2020年11月 2日	
第15回	オンライン	2021年 3月29日	
第16回	パリ（フランス）	2021年11月26日	
第17回	パリ（フランス）	2022年12月12日	
第18回	パリ（フランス）	2023年 1月24日～ 1月25日	3

⑬ 世界遺産の種類

世界遺産には、自然遺産、文化遺産、複合遺産の3種類に分類される。

□自然遺産（Natural Heritage）

自然遺産とは、無生物、生物の生成物、または、生成物群からなる特徴のある自然の地域で、鑑賞上、または、学術上、「顕著な普遍的価値」（Outstanding Universal Value）を有するもの、そして、地質学的、または、地形学的な形成物および脅威にさらされている動物、または、植物の種の生息地、または、自生地として区域が明確に定められている地域で、学術上、保存上、または、景観上、「顕著な普遍的価値」を有するものと定義することが出来る。

地球上の顕著な普遍的価値をもつ自然景観、地形・地質、生態系、生物多様性などを有する自然遺産の数は、**2023年11月現在、227物件。**

大地溝帯のケニアの湖水システム(ケニア)、セレンゲティ国立公園(タンザニア)、キリマンジャロ国立公園(タンザニア)、モシ・オア・トゥニャ〈ヴィクトリア瀑布〉(ザンビア/ジンバブエ)、サガルマータ国立公園(ネパール)、スマトラの熱帯雨林遺産(インドネシア)、屋久島(日本)、白神山地(日本)、知床(日本)、小笠原諸島(日本)、奄美大島、徳之島、沖縄島北部及び西表島 (日本)、グレート・バリア・リーフ(オーストラリア)、スイス・アルプス ユングフラウ・アレッチ(スイス)、イルリサート・アイスフィヨルド(デンマーク)、バイカル湖 (ロシア連邦)、カナディアン・ロッキー山脈公園(カナダ)、グランド・キャニオン国立公園(アメリカ合衆国)、エバーグレーズ国立公園(アメリカ合衆国)、レヴィジャヒヘド諸島(メキシコ)、ガラパゴス諸島(エクアドル)、イグアス国立公園(ブラジル/アルゼンチン) などがその代表的な物件。

口文化遺産 (Cultural Heritage)

文化遺産とは、歴史上、芸術上、または、学術上、「顕著な普遍的価値」(Outstanding Universal Value) を有する記念物、建築物群、記念的意義を有する彫刻および絵画、考古学的な性質の物件および構造物、金石文、洞穴居ならびにこれらの物件の組合せで、歴史的、芸術上、または、学術上、「顕著な普遍的価値」を有するものをいう。

遺跡 (Sites) とは、自然と結合したものを含む人工の所産および考古学的遺跡を含む区域で、歴史上、芸術上、民族学上、または、人類学上、「顕著な普遍的価値」を有するものをいう。
建造物群 (Groups of buildings) とは、独立し、または、連続した建造物の群で、その建築様式、均質性、または、景観内の位置の為に、歴史上、芸術上、または、学術上、「顕著な普遍的価値」を有するものをいう。
モニュメント (Monuments) とは、建築物、記念的意義を有する彫刻および絵画、考古学的な性質の物件および構造物、金石文、洞穴居ならびにこれらの物件の組合せで、歴史的、芸術上、または、学術上、「顕著な普遍的価値」を有するものをいう。

人類の英知と人間活動の所産を様々な形で語り続ける顕著な普遍的価値をもつ遺跡、建造物群、モニュメントなどの文化遺産の数は、**2023年11月現在、900物件。**

モンバサのジーザス要塞(ケニア)、メンフィスとそのネクロポリス/ギザからダハシュールまでのピラミッド地帯(エジプト)、バビロン (イラク)、ペルセポリス(イラン)、サマルカンド(ウズベキスタン)、タージ・マハル(インド)、アンコール(カンボジア)、万里の長城 (中国)、高句麗古墳群 (北朝鮮)、古都京都の文化財(日本)、厳島神社(日本)、白川郷と五箇山の合掌造り集落(日本)、北海道・北東北の縄文遺跡群 (日本)、アテネのアクロポリス(ギリシャ)、ローマ歴史地区 (イタリア)、ヴェルサイユ宮殿と庭園(フランス)、アルタミラ洞窟(スペイン)、ストーンヘンジ(英国)、ライン川上中流域の渓谷(ドイツ)、プラハの歴史地区(チェコ)、アウシュヴィッツ強制収容所(ポーランド)、クレムリンと赤の広場 (ロシア連邦)、自由の女神像(アメリカ合衆国)、テオティワカン古代都市(メキシコ)、クスコ市街(ペルー)、ブラジリア(ブラジル)、ウマワカの渓谷(アルゼンチン) などがその代表的な物件。

文化遺産の中で、**文化的景観** (Cultural Landscapes) という概念に含まれる物件がある。
文化的景観とは、「人間と自然環境との共同作品」とも言える景観。文化遺産と自然遺産との中間的な存在で、現在は文化遺産の分類に含められており、次の三つのカテゴリーに分類することができる。

1) 庭園、公園など人間によって意図的に設計され創造されたと明らかに定義できる景観
2) 棚田など農林水産業などの産業と関連した有機的に進化する景観で、

次の2つのサブ・カテゴリーに分けられる。
①残存する(或は化石)景観 (a relict (or fossil) landscape)
②継続中の景観 (continuing landscape)

3) 聖山など自然的要素が強い宗教、芸術、文化などの事象と関連する文化的景観

コンソ族の文化的景観(エチオピア)、アハサー・オアシス、進化する文化的景観 (サウジアラビア)、オルホン渓谷の文化的景観(モンゴル)、杭州西湖の文化的景観(中国)、紀伊山地の霊場と参詣道(日本)、石見銀山遺跡とその文化的景観(日本)、バジ・ビムの文化的景観(オーストラリア)、フィリピンのコルディリェラ山脈の棚田(フィリピン)、シンクヴェトリル国立公園(アイスランド)、シントラの文化的景観(ポルトガル)、グラン・カナリア島の文化的景観のリスコ・カイド洞窟と聖山群 (スペイン)、ザルツカンマーグート地方のハルシュタットとダッハシュタインの文化的景観(オーストリア)、トカイ・ワイン地方の歴史的・文化的景観(ハンガリー)、ペルガモンとその多層的な文化的景観(トルコ)、ヴィニャーレス渓谷(キューバ)、パンプーリャ湖近代建築群(ブラジル) などがこの範疇に入る。

□**複合遺産** (Cultural and Natural Heritage)

自然遺産と文化遺産の両方の要件を満たしている物件が**複合遺産**で、最初から複合遺産として登録される場合と、はじめに、自然遺産、あるいは、文化遺産として登録され、その後、もう一方の遺産としても評価されて複合遺産となる場合がある。世界遺産条約の本旨である自然と文化との結びつきを代表する複合遺産の数は、**2023年11月現在、39物件。**

ワディ・ラム保護区 (ヨルダン)、カンチェンジュンガ国立公園 (インド)、泰山 (中国)、チャンアン景観遺産群 (ヴェトナム)、ウルル・カタジュタ国立公園 (オーストラリア)、トンガリロ国立公園(ニュージーランド)、ギョレメ国立公園とカッパドキア (トルコ)、メテオラ (ギリシャ)、ピレネー地方-ペルデュー山 (フランス/スペイン)、ティカル国立公園 (グアテマラ)、マチュ・ピチュの歴史保護区 (ペルー) 、パラチとイーリャ・グランデ
ー文化と生物多様性(ブラジル)などが代表的な物件。

⑭ ユネスコ世界遺産の登録要件

ユネスコ世界遺産の登録要件は、世界的に「顕著な普遍的価値」 (outstanding universal value) を有することが前提であり、世界遺産委員会が定めた世界遺産の登録基準(クライテリア)の一つ以上を完全に満たしている必要がある。また、世界遺産としての価値を将来にわたって継承していく為の保護管理措置が担保されていることが必要である。

⑮ ユネスコ世界遺産の登録基準

世界遺産委員会が定める世界遺産の登録基準(クライテリア)が設けられており、このうちの一つ以上の基準を完全に満たしていることが必要。

(i) 人類の創造的天才の傑作を表現するもの。**→人類の創造的天才の傑作**

(ii) ある期間を通じて、または、ある文化圏において、建築、技術、記念碑的芸術、町並み計画、景観デザインの発展に関し、人類の価値の重要な交流を示すもの。**→人類の価値の重要な交流を示すもの**

(iii) 現存する、または、消滅した文化的伝統、または、文明の、唯一の、または、少なくとも稀な証拠となるもの。
→文化的伝統、文明の稀な証拠

(iv) 人類の歴史上、重要な時代を例証する、ある形式の建造物、建築物群、技術の集積、または、景観の顕著な例。
→歴史上、重要な時代を例証する優れた例

(v) 特に、回復困難な変化の影響下で損傷されやすい状態にある場合における、ある文化(または、複数の文化)或は、環境と人間との相互作用を代表する伝統的集落、または、土地利用の顕著な例。
→存続が危ぶまれている伝統的集落、土地利用の際立つ例

(vi) 顕著な普遍的な意義を有する出来事、現存する伝統、思想、信仰、または、芸術的、文学的作品と、直接に、または、明白に関連するもの。**→普遍的出来事、伝統、思想、信仰、芸術、文学的作品と関連するもの**

(vii) もっともすばらしい自然的現象、または、ひときわすぐれた自然美をもつ地域、及び、美的な重要性を含むもの。**→自然景観**

(viii) 地球の歴史上の主要な段階を示す顕著な見本であるもの。これには、生物の記録、地形の発達における重要な地学的進行過程、或は、重要な地形的、または、自然地理的特性などが含まれる。**→地形・地質**

(ix) 陸上、淡水、沿岸、及び、海洋生態系と動植物群集の進化と発達において、進行しつつある重要な生態学的、生物学的プロセスを示す顕著な見本であるもの。**→生態系**

(x) 生物多様性の本来的保全にとって、もっとも重要かつ意義深い自然生息地を含んでいるもの。これには、科学上、または、保全上の観点から、すぐれて普遍的価値をもつ絶滅の恐れのある種が存在するものを含む。
→生物多様性

(注) → は、わかりやすい覚え方として、当シンクタンクが言い換えたものである。

⑯ ユネスコ世界遺産に登録されるまでの手順

世界遺産リストへの登録物件の推薦は、個人や団体ではなく、世界遺産条約を締結した各国政府が行う。日本では、文化遺産は文化庁、自然遺産は環境省と林野庁が中心となって決定している。
ユネスコの「世界遺産リスト」に登録されるプロセスは、政府が暫定リストに基づいて、パリに事務局がある世界遺産委員会に推薦し、自然遺産については、**IUCN**(国際自然保護連合)、文化遺産については、**ICOMOS**(イコモス　国際記念物遺跡会議)の専門的な評価報告書や**ICCROM**(イクロム　文化財保存修復研究国際センター)の助言などに基づいて審議され、世界遺産リストへの登録の可否が決定される。

IUCN(The World Conservation Union　国際自然保護連合、以前は、自然及び天然資源の保全に関する国際同盟＜International Union for Conservation of Nature and Natural Resources＞)は、国連環境計画(UNEP)、ユネスコ(UNESCO)などの国連機関や世界自然保護基金(WWF)などの協力の下に、野生生物の保護、自然環境及び自然資源の保全に係わる調査研究、発展途上地域への支援などを行っているほか、絶滅のおそれのある世界の野生生物を網羅したレッド・リスト等を定期的に刊行している。
世界遺産との関係では、IUCNは、世界遺産委員会への諮問機関としての役割を果たしている。自然保護や野生生物保護の専門家のワールド・ワイドなネットワークを通じて、自然遺産に推薦された物件が世界遺産にふさわしいかどうかの専門的な評価、既に世界遺産に登録されている物件の保全状態のモニタリング(監視)、締約国によって提出された国際援助要請の審査、人材育成活動への支援などを行っている。

ICOMOS(International Council of Monuments and Sites　国際記念物遺跡会議)は、本部をフランス、パリに置く国際的な非政府組織(NGO)である。1965年に設立され、建築遺産及び考古学的遺産の保全のための理論、方法論、そして、科学技術の応用を推進することを目的としている。1964年に制定された「記念建造物および遺跡の保全と修復のための国際憲章」(ヴェネチア憲章)に示された原則を基盤として活動している。

世界遺産条約に関するICOMOSの役割は、「世界遺産リスト」への登録推薦物件の審査 <現地調査（夏～秋）、イコモスパネル（11月末～12月初）、中間報告（1月中）>、文化遺産の保存状況の監視、世界遺産条約締約国から提出された国際援助要請の審査、人材育成への助言及び支援などである。

【新登録候補物件の評価結果についての世界遺産委員会への4つの勧告区分】

① 登録（記載）勧告 （Recommendation for Inscription）	世界遺産としての価値を認め、世界遺産リストへの登録（記載）を勧める。
② 情報照会勧告 （Recommendation for Referral）	世界遺産としての価値は認めるが、追加情報の提出を求めた上で、次回以降の世界遺産委員会での審議を勧める。
③ 登録（記載）延期勧告 （Recommendation for Deferral）	より綿密な調査や登録推薦書類 の抜本的な改定が必要なもの。登録推薦書類を再提出した後、約1年半をかけて、再度、専門機関のIUCNやICOMOSの審査を受けることを勧める。
④ 不登録（不記載）勧告 （Not recommendation for Inscription）	登録（記載）にふさわしくないもの。 例外的な場合を除いて再推薦は不可とする。

ICCROM（International Centre for the Study of the Preservation and Restoration of Cultural Property文化財保存及び修復の研究のための国際センター）は、本部をイタリア、ローマにおく国際的な政府間機関（IGO）である。ユネスコによって1956年に設立され、不動産・動産の文化遺産の保全強化を目的とした研究、記録、技術支援、研修、普及啓発を行うことを目的としている。

世界遺産条約に関するICCROMの役割は、文化遺産に関する研修において主導的な協力機関であること、文化遺産の保存状況の監視、世界遺産条約締約国から提出された国際援助要請の審査、人材育成への助言及び支援などである。

⑰ 世界遺産暫定リスト

世界遺産暫定リストとは、各世界遺産条約締約国が「世界遺産リスト」へ登録することがふさわしいと考える、自国の領域内に存在する物件の目録である。

従って、世界遺産条約締約国は、各自の世界遺産暫定リストに、将来、登録推薦を行う意思のある物件の名称を示す必要がある。

2023年11月現在、世界遺産暫定リストに登録されている物件は、1716物件（178か国）であり、世界遺産暫定リストを、まだ作成していない国は、作成が必要である。また、追加や削除など、世界遺産暫定リストの定期的な見直しが必要である。

⑱ 危機にさらされている世界遺産（略称　危機遺産　★【危機遺産】　56物件）

ユネスコの「危機にさらされている世界遺産リスト」には、2023年11月現在、35の国と地域にわたって自然遺産が16物件、文化遺産が39物件の合計55物件が登録されている。地域別に見ると、アフリカが15物件、アラブ諸国が23物件、アジア・太平洋地域が6物件、ヨーロッパ・北米が5物件、ラテンアメリカ・カリブが6物件となっている。

危機遺産になった理由としては、地震などの自然災害によるもの、民族紛争などの人為災害によるものなど多様である。世界遺産は、今、イスラム国などによる攻撃、破壊、盗難の危機にさらされている。こうした危機から回避していく為には、戦争や紛争のない平和な社会を築いていかなければならない。それに、開発と保全のあり方も多角的な視点から見つめ直していかなければならない。

「危機遺産リスト」に登録されても、その後改善措置が講じられ、危機的状況から脱した場合は、「危機遺産リスト」から解除される。一方、一旦解除されても、再び危機にさらされた場合には、再度、「危機遺産リスト」に登録される。一向に改善の見込みがない場合には、「世界遺産リスト」そのものからの登録抹消もありうる。

⑲ 危機にさらされている世界遺産リストへの登録基準

世界遺産委員会が定める危機にさらされている世界遺産リスト（List of the World Heritage in Danger）への登録基準は、以下の通りで、いずれか一つに該当する場合に登録される。

〔自然遺産の場合〕

（1）**確認危険**　遺産が特定の確認された差し迫った危険に直面している、例えば、

a．法的に遺産保護が定められた根拠となった顕著で普遍的な価値をもつ種で、絶滅の危機にさらされている種やその他の種の個体数が、病気などの自然要因、或は、密猟・密漁などの人為的要因などによって著しく低下している
b．人間の定住、遺産の大部分が氾濫するような貯水池の建設、産業開発や、農薬や肥料の使用を含む農業の発展、大規模な公共事業、採掘、汚染、森林伐採、燃料材の採取などによって、遺産の自然美や学術的価値が重大な損壊を被っている
c．境界や上流地域への人間の侵入により、遺産の完全性が脅かされる

（2）**潜在危険**　遺産固有の特徴に有害な影響を与えかねない脅威に直面している、例えば、

a．指定地域の法的な保護状態の変化
b．遺産内か、或は、遺産に影響が及ぶような場所における再移住計画、或は、開発事業
c．武力紛争の勃発、或は、その恐れ
d．保護管理計画が欠如しているか、不適切か、或は、十分に実施されていない

〔文化遺産の場合〕

（1）**確認危険**　遺産が特定の確認された差し迫った危険に直面している、例えば、

a．材質の重大な損壊
b．構造、或は、装飾的な特徴の重大な損壊
c．建築、或は、都市計画の統一性の重大な損壊
d．都市、或は、地方の空間、或は、自然環境の重大な損壊
e．歴史的な真正性の重大な喪失
f．文化的な意義の大きな喪失

（2）**潜在危険**　遺産固有の特徴に有害な影響を与えかねない脅威に直面している、例えば、

a．保護の度合いを弱めるような遺産の法的地位の変化
b．保護政策の欠如
c．地域開発計画による脅威的な影響
d．都市開発計画による脅威的な影響
e．武力紛争の勃発、或は、その恐れ
f．地質、気象、その他の環境的な要因による漸進的変化

⑳ 監視強化メカニズム

監視強化メカニズム（Reinforced Monitoring Mechanism略称：RMM）とは、2007年4月に開催されたユネスコの第176回理事会で採択された「世界遺産条約の枠組みの中で、世界遺産委員会の決議の適切な履行を確保する為のメカニズムを世界遺産委員会で提案すること」の事務局長への要請を受け、2007年の第31回世界遺産委員会で採択された新しい監視強化メカニズムのことである。RMMの目的は、「顕著な普遍的価値」の喪失につながりかねない突発的、偶発的な原因や理由で、深刻な危機的状況に陥った現場に専門家を速やかに派遣、監視し、次の世界遺産委員会での決議を待つまでもなく可及的速やかな対応や緊急措置を講じられる仕組みである。

㉑ 世界遺産リストからの登録抹消

ユネスコの世界遺産は、「世界遺産リスト」への登録後において、下記のいずれかに該当する場合、世界遺産委員会は、「世界遺産リスト」から登録抹消の手続きを行なうことが出来る。

1) 世界遺産登録を決定づけた物件の特徴が失われるほど物件の状態が悪化した場合。
2) 世界遺産の本来の特質が、登録推薦の時点で、既に、人間の行為によって脅かされており、かつ、その時点で世界遺産条約締約国によりまとめられた必要な改善措置が、予定された期間内に講じられなかった場合。

これまでの登録抹消の事例としては、下記の3つの事例がある。

●オマーン　「アラビアン・オリックス保護区」
(自然遺産　1994年世界遺産登録　2007年登録抹消)
<理由>油田開発の為、オペレーショナル・ガイドラインズに違反し世界遺産の登録範囲を勝手に変更したことによる世界遺産登録時の完全性の喪失。

●ドイツ　「ドレスデンのエルベ渓谷」
(文化遺産　2004年世界遺産登録　★【危機遺産】2006年登録　2009年登録抹消)
<理由>文化的景観の中心部での橋の建設による世界遺産登録時の完全性の喪失。

●英国　「リヴァプール-海商都市」
(文化遺産 2004年世界遺産登録　★【危機遺産】2012年登録　2021年登録抹消)
<理由>19世紀の面影を残す街並みが世界遺産に登録されていたが、その後の都市開発で歴史的景観が破壊された。

㉒ 世界遺産基金

世界遺産基金とは、世界遺産の保護を目的とした基金で、2022～2023年(2年間)の予算は、5.9百万米ドル。世界遺産条約が有効に機能している最大の理由は、この世界遺産基金を締約国に義務づけることにより世界遺産保護に関わる援助金を確保できることであり、その使途については、世界遺産委員会等で審議される。

日本は、世界遺産基金への分担金として、世界遺産条約締約後の1993年には、762, 080US$(1992年／1993年分を含む)、その後、
1994年 395, 109US$、1995年 443, 903US$、 1996年 563, 178 US$、
1997年 571, 108US$、 1998年 641, 312US$、 1999年 677, 834US$、 2000年 680, 459US$、
2001年 598, 804US$、 2002年 598, 804US$、 2003年 598, 804US$、 2004年 597, 038US$、
2005年 597, 038US$、 2006年 509, 350US$、 2007年 509, 350US$、 2008年 509, 350US$、
2009年 509, 350US$、 2010年 409, 137US$、 2011年 409, 137US$、 2012年 409, 137US$、
2013年 353, 730US$、 2014年 353, 730US$、 2015年 353, 730US$ 2016年 316, 019US$
2017年 316, 019US$、 2018年 316, 019US$、 2019年 279, 910US$ 2020年 279, 910US$
2021年 289, 367US$、 2022年 277, 402US$、 2023年 277, 402US$を拠出している。

(1) 世界遺産基金の財源

□世界遺産条約締約国に義務づけられた分担金(ユネスコに対する分担金の1%を上限とする額)
□各国政府の自主的拠出金、団体・機関(法人)や個人からの寄付金

(2023年予算の分担金または任意拠出金の支払予定上位国)

❶米国*	588, 112 US$	❷中国	526, 734 US$	❸日本	277, 402 US$
❹英国	228, 225 US$	❺ドイツ	211, 025 US$	❻フランス	149, 113 US$
❼イタリア	110, 111 US$	❽カナダ	90, 756 US$	❾韓国	88, 885 US$

⑩オーストラリア	72, 899 US$	⑪スペイン	72, 201 US$	⑫ブラジル	69, 504 US$
⑬ロシア連邦	64, 425 US$	⑭サウジアラビア	60, 329US$	⑮オランダ	47, 753 US$
⑯メキシコ	42, 157 US$	⑰スイス	39, 163 US$	⑱スウェーデン	30, 079 US$
⑲トルコ	29, 192 US$	⑳ベルギー	28, 582 US$		

*米国は、2018年12月末にユネスコを脱退したが、これまでの滞納額は支払い義務あり。

世界遺産基金（The World Heritage Fund／Fonds du Patrimoine Mondial）

- UNESCO account No. 949-1-191558　（US＄）
  CHASE MANHATTAN BANK　4 Metrotech Center,Brooklyn,NewYork,NY 11245 USA
  SWIFT CODE:CHASUS33-ABA No.0210-0002-1
- UNESCO account No. 30003-03301-00037291180-53　（＄ EU）
  Societe Generale　106 rue Saint−Dominique 75007 paris　FRANCE
  SWIFT CODE:SOGE FRPPAFS

（2）世界遺産基金からの国際援助の種類と援助実績

①世界遺産登録の準備への援助（Preparatory Assistance）

＜例示＞

●マダガスカル　アンタナナリボのオートヴィル　30, 000 US＄

②保全管理への援助（Conservation and Management Assistance）

＜例示＞

●ラオス　ラオスにおける世界遺産保護の為の遺産影響評価の為の支援　44, 500 US＄

●スリランカ　古代都市シギリヤ（1982年世界遺産登録）の保全管理　91, 212 US＄

●北マケドニア　オフリッド地域の自然・文化遺産（1979年／1980年／2009年／2019年世界遺産登録）の文化と遺産管理の強化　55, 000 US＄

③緊急援助（Emergency Assistance）

＜例示＞

●ガンビア　クンタ・キンテ島と関連遺跡群（2003年世界遺産登録）のCFAOビルの屋根の復旧　5, 025 US＄

㉓ ユネスコ文化遺産保存日本信託基金

ユネスコが日本政府の拠出金によって設置している日本信託基金には、次の様な基金がある。

○ユネスコ文化遺産保存信託基金（外務省所管）
○ユネスコ人的資源開発信託基金（外務省所管）

○ユネスコ青年交流信託基金（文部科学省所管）
○万人のための教育信託基金（文部科学省所管）
○持続可能な開発のための教育信託基金（文部科学省所管）
○ユネスコ地球規模の課題の解決のための科学事業信託基金（文部科学省所管）
○ユネスコ技術援助専門家派遣信託基金（文部科学省所管）
○エイズ教育特別信託基金（文部科学省所管）
○アジア太平洋地域教育協力信託基金（文部科学省所管）

これらのうち、ユネスコ文化遺産保存日本信託基金による主な実施中の案件は、次の通り。

●カンボジア「アンコール遺跡」　国際調整委員会等国際会議の開催　1990年～
保存修復事業等　1994年～
●ネパール「カトマンズ渓谷」　ダルバール広場の文化遺産の復旧・復興　2015年～
●ネパール「ルンビニ遺跡」　建造物等保存措置、考古学調査、統合的マスタープラン策定、管理プロセスのレビュー、専門家育成　2010年～
●ミャンマー「バガン遺跡」　遺跡保存水準の改善、人材養成　2014年～2016年
●アフガニスタン「バーミヤン遺跡」　壁画保存、マスタープランの策定、東大仏仏龕の固定、西大仏龕奥壁の安定化　2003年～
●ボリヴィア「ティワナク遺跡」　管理計画の策定、人材育成（保存管理、発掘技術等）2008年～
●カザフスタン、キルギス、タジキスタン、トルクメニスタン、ウズベキスタン
「シルクロード世界遺産推薦ドキュメンテーション支援」　遺跡におけるドキュメンテーション実地訓練・人材育成　2010年～
●カーボヴェルデ、サントメ・プリンシペ、コモロ、モーリシャス、セーシェル、モルディブ、ミクロネシア、クック諸島、ニウエ、トンガ、ツバル、ナウル、アンティグア・バーブーダ、バハマ、バルバドス、ベリーズ、キューバ、ドミニカ、グレナダ、ガイアナ、ジャマイカ、セントクリストファー・ネーヴィス、セントルシア、セントビンセント・グレナディーン、スリナム、トリニダード・トバコ
「小島嶼開発途上国における世界遺産サイト保護支援」
能力形成及び地域共同体の持続可能な開発の強化
2011年～2016年
●ウガンダ「カスビ王墓再建事業」　リスク管理及び火災防止、藁葺き技術調査、能力形成
2013年～
●グアテマラ「ティカル遺跡保存事業」　北アクロポリスの3Dデータの収集及び登録，人材育成
2016年～
●ブータン「南アジア文化的景観支援」　ワークショップの開催　2016年～
●アルゼンチン、ボリビア、チリ、コロンビア、エクアドル、ペルー
「カパック・ニャンーアンデス道路網の保存支援事業」　モニタリングシステムの設置及び実施
2016年～
●セネガル「ゴレ島の護岸保護支援」　ゴレ島南沿岸の緊急対策措置（波止場の再建、世界遺産サイト管理サービスの設置等）　2016年～
●アルジェリア「カスバの保護支援事業」　専門家会合の開催　2016年～

㉔ 日本の世界遺産条約の締結とその後の世界遺産登録

1992年 6月19日　世界遺産条約締結を国会で承認。
1992年 6月26日　受諾の閣議決定。

1992年 6月30日	受諾書寄託、125番目*の世界遺産条約締約国となる。 *現在は、旧ユーゴスラヴィアの解体によって、締約国リスト上では、124番目になっている。
1992年 9月30日	わが国について発効。
1992年10月	ユネスコに、奈良の寺院・神社、姫路城、日光の社寺、鎌倉の寺院・神社、法隆寺の仏教建造物、厳島神社、彦根城、琉球王国の城・遺産群、白川郷の集落、京都の社寺、白神山地、屋久島の12件の暫定リストを提出。
1993年12月	第17回世界遺産委員会カルタヘナ会議から世界遺産委員会委員国（任期6年） 世界遺産リストに「法隆寺地域の仏教建造物」、「姫路城」、「屋久島」、「白神山地」の4件が登録される。
1994年11月	「世界文化遺産奈良コンファレンス」を奈良市で開催。 「オーセンティシティに関する奈良ドキュメント」を採択。
1994年12月	世界遺産リストに「古都京都の文化財（京都市、宇治市、大津市）」が登録される。
1995年 9月	ユネスコの暫定リストに原爆ドームを追加。
1995年12月	世界遺産リストに「白川郷・五箇山の合掌造り集落」が登録される。
1996年12月	世界遺産リストに「広島の平和記念碑（原爆ドーム）」、「厳島神社」の2件が登録される。
1998年11月30日 ～12月 5日	第22回世界遺産委員会京都会議（議長：松浦晃一郎氏）
1998年12月	世界遺産リストに「古都奈良の文化財」が登録される。
1999年11月	松浦晃一郎氏が日本人として初めてユネスコ事務局長（第8代）に就任。
1999年12月	世界遺産リストに「日光の社寺」が登録される。
2000年5月18～21日	世界自然遺産会議・屋久島2000
2000年12月	世界遺産リストに「琉球王国のグスク及び関連遺産群」が登録される。
2001年 4月 6日	ユネスコの暫定リストに「平泉の文化遺産」、「紀伊山地の霊場と参詣道」、「石見銀山遺跡」の3件を追加。
2001年 9月 5日 ～9月10日	アジア・太平洋地域における信仰の山の文化的景観に関する専門家会議を和歌山市で開催。
2002年 6月30日	世界遺産条約受諾10周年。
2003年12月	第27回世界遺産委員会マラケシュ会議から2回目の世界遺産委員会委員国（任期4年）
2004年 6月	文化財保護法の一部改正によって、新しい文化財保護の手法として「文化的景観」が新設され、「重要文化的景観」の選定がされるようになった。
2004年 7月	世界遺産リストに「紀伊山地の霊場と参詣道」が登録される。
2005年 7月	世界遺産リストに「知床」が登録される。
2005年10月15～17日	第2回世界自然遺産会議　白神山地会議
2007年 1月30日	ユネスコの暫定リストに「富岡製糸場と絹産業遺産群」、「小笠原諸島」、「長崎の教会群とキリスト教関連遺産」、「飛鳥・藤原－古代日本の宮都と遺跡群」、「富士山」の5件を追加。
2007年 7月	世界遺産リストに「石見銀山遺跡とその文化的景観」が登録される。
2007年 9月14日	ユネスコの暫定リストに「国立西洋美術館本館」を追加。
2008年 6月	第32回世界遺産委員会ケベック・シティ会議で、「平泉－浄土思想を基調とする文化的景観－」の世界遺産リストへの登録の可否が審議され、わが国の世界遺産登録史上初めての「登録延期」となる。2011年の登録実現をめざす。
2009年 1月 5日	ユネスコの暫定リストに「北海道・北東北を中心とした縄文遺跡群」、「九州・山口の近代化産業遺産群」、「宗像・沖ノ島と関連遺産群」の3件を追加。
2009年 6月	第33回世界遺産委員会セビリア会議で、「ル・コルビジュエの建築と都市計画」（構成資産のひとつが「国立西洋美術館本館」）の世界遺産リストへの登録の可否が審議され、「情報照会」となる。
2009年10月1日～2015年3月18日	国宝「姫路城」大天守、保存修理工事。

2010年 6月　ユネスコの暫定リストに「百舌鳥・古市古墳群」、「金を中心とする佐渡鉱山の遺産群」の2件を追加することを、文化審議会文化財分科会世界文化遺産特別委員会で決議。

2010年 7月　第34回世界遺産委員会ブラジリア会議で、「石見銀山遺跡とその文化的景観」の登録範囲の軽微な変更（442.4ha→529.17ha）がなされる。

2011年 6月　第35回世界遺産委員会パリ会議から3回目の世界遺産委員会委員国（任期4年）「小笠原諸島」、「平泉－仏国土（浄土）を表す建築・庭園及び考古学的遺跡群」の2件が登録される。「ル・コルビュジエの建築作品－近代建築運動への顕著な貢献－」（構成資産のひとつが「国立西洋美術館本館」）は、「登録延期」決議がなされる。

2012年 1月25日　日本政府は、世界遺産条約関係省庁連絡会議を開き、「富士山」（山梨県・静岡県）と「武家の古都・鎌倉」（神奈川県）を、2013年の世界文化遺産登録に向け、正式推薦することを決定。

2012年 7月12日　文化審議会の世界文化遺産特別委員会は、「富岡製糸場と絹産業遺産群」（群馬県）を2014年の世界文化遺産登録推薦候補とすること、それに、2011年に世界遺産リストに登録された「平泉」の登録範囲の拡大と登録遺産名の変更に伴い、追加する構成資産を世界遺産暫定リスト登録候補にすることを了承。

2012年11月6日～8日　世界遺産条約採択40周年記念最終会合が、京都市の国立京都国際会館にて開催される。メインテーマ「世界遺産と持続可能な発展：地域社会の役割」

2013年 1月31日　世界遺産条約関係省庁連絡会議（外務省、文化庁、環境省、林野庁、水産庁、国土交通省、宮内庁で構成）において、世界遺産条約に基づくわが国の世界遺産暫定リストに、自然遺産として「奄美・琉球」を記載することを決定。
世界遺産暫定リスト記載の為に必要な書類をユネスコ世界遺産センターに提出。

2013年3月　ユネスコ、対象地域の絞り込みを求め、世界遺産暫定リストへの追加を保留。

2013年 4月30日　イコモス、「富士山」を「記載」、「武家の古都・鎌倉」は「不記載」を勧告。

2013年 6月 4日　「武家の古都・鎌倉」について、世界遺産リスト記載推薦を取り下げることを決定。

2013年 6月22日　第37回世界遺産委員会プノンペン会議で、「富士山－信仰の対象と芸術の源泉」が登録される。

2013年 8月23日　文化審議会世界文化遺産・無形文化遺産部会及び世界文化遺産特別委員会で、「明治日本の産業革命遺産－九州・山口と関連遺産－」を2015年の世界遺産候補とすることを決定。

2014年1月　「奄美・琉球」、世界遺産暫定リスト記載の為に必要な書類をユネスコ世界遺産センターに再提出。

2014年 6月21日　第38回世界遺産委員会ドーハ会議で、「富岡製糸場と絹産業遺産群」が登録される。

2014年 7月10日　文化審議会世界文化遺産・無形文化遺産部会及び世界文化遺産特別委員会で、「長崎の教会群とキリスト教関連遺産」を2016年の世界遺産候補とすることを決定。

2014年10月　奈良文書20周年記念会合（奈良県奈良市）において、「奈良＋20」を採択。

2015年 5月 4日　イコモス、「明治日本の産業革命遺産－九州・山口と関連遺産－」について、「記載」を勧告。

2015年 7月 5日　第39回世界遺産委員会ボン会議で、「明治日本の産業革命遺産：製鉄・製鋼、造船、石炭産業」について、議長の差配により審議なしで登録が決議された後、日本及び韓国からステートメントが発せられた。

2015年 7月　第39回世界遺産委員会ボン会議で、「世界遺産条約履行の為の作業指針」が改訂され、アップストリーム・プロセス（登録推薦に際して、締約国が諮問機関や世界遺産センターに技術的支援を要請できる仕組み）が制度化された。

2015年 7月28日　文化審議会世界文化遺産・無形文化遺産部会で、「『神宿る島』宗像・沖ノ島と関連遺産群」を2017年の世界遺産候補とすることを決定。

2016年 1月　「紀伊山地の霊場と参詣道」の軽微な変更（「熊野参詣道」及び「高野参詣道」について、延長約41.1km、面積11.1haを追加）申請書をユネスコ世界遺産センター

へ提出。(第40回世界遺産委員会イスタンブール会議において承認)

2016年 1月　「富士山ー信仰の対象と芸術の源泉」の保全状況報告書をユネスコ世界遺産センターに提出。(2016年7月の第40回世界遺産委員会イスタンブール会議で審議)

2016年 2月1日　「奄美大島、徳之島、沖縄島北部及び西表島」世界遺産暫定リストに記載。

2016年 2月　イコモスの中間報告において、「長崎の教会群とキリスト教関連遺産」について、「長崎の教会群」の世界遺産としての価値を、「禁教・潜伏期」に焦点をあてた内容に見直すべきとの評価が示され推薦を取下げ、修正後、2018年の登録をめざす。

2016年 5月17日　フランスなどとの共同推薦の「ル・コルビュジエの建築作品-近代建築運動への顕著な貢献-」(日本の推薦物件は「国立西洋美術館」)、「登録記載」の勧告。

2016年 7月17日　第40回世界遺産委員会イスタンブール会議で、「ル・コルビュジエの建築作品-近代建築運動への顕著な貢献-」が登録される。（フランスなど7か国17資産)

2016年 7月25日　文化審議会において、「長崎の教会群とキリスト教関連遺産」を2018年の世界遺産候補とすることを決定。(→「長崎と天草地方の潜伏キリシタン関連遺産」)

2017年 1月20日　「奄美大島、徳之島、沖縄島北部及び西表島」ユネスコへ世界遺産登録推薦書を提出。

2017年 6月30日　世界遺産条約受諾25周年。

2017年 7月 8日　第41回世界遺産委員会クラクフ会議で、「『神宿る島』宗像・沖ノ島と関連遺産群」が登録される。（8つの構成資産すべて認められる)

2017年 7月31日　文化庁の文化審議会世界文化遺産部会で「百舌鳥・古市古墳群」を2019年の世界遺産推薦候補とすることを決定。9月に開催される世界遺産条約関係省庁連絡会議(政府の推薦決定)を経て国内の推薦が決まる。

2019年 7月30日　文化庁の文化審議会世界文化遺産部会で「北海道・北東北の縄文遺跡群」を2021年の世界遺産推薦候補とすることを決定。9月に開催される世界遺産条約関係省庁連絡会議(政府の推薦決定)を経て国内の推薦が決まる。

2022年 6月30日　世界遺産条約締約30周年。

2023年 7月　世界遺産暫定リスト記載物件の滋賀県の国宝「彦根城」、今年から始まるユネスコの諮問機関ICOMOSが関与して助言する「事前評価制度」（9月15日が申請期限。評価の結果は約1年後に示される）を活用する方針。

㉕ 日本のユネスコ世界遺産

2023年11月現在、25物件（自然遺産 5物件、文化遺産20物件）が「世界遺産リスト」に登録されており、世界第11位である。

❶法隆寺地域の仏教建造物　奈良県生駒郡斑鳩町
文化遺産(登録基準(i)(ii)(iv)(vi))　1993年

❷姫路城　兵庫県姫路市本町　文化遺産(登録基準(i)(iv))　1993年

③白神山地　青森県(西津軽郡鰺ヶ沢町、深浦町、中津軽郡西目屋村)
秋田県(山本郡藤里町、八峰町、能代市)　自然遺産(登録基準(ix))　1993年

④屋久島　鹿児島県熊毛郡屋久島町　自然遺産(登録基準(vii)(ix))　1993年

❺古都京都の文化財(京都市 宇治市 大津市)
京都府(京都市、宇治市)、滋賀県(大津市)　文化遺産(登録基準(ii)(iv))　1994年

❻白川郷・五箇山の合掌造り集落　岐阜県(大野郡白川村)、富山県(南砺市)
文化遺産(登録基準(iv)(v))　1995年

❼広島の平和記念碑(原爆ドーム)　広島県広島市中区大手町　文化遺産(登録基準(vi))　1996年

❽厳島神社　広島県廿日市市宮島町　文化遺産(登録基準(i)(ii)(iv)(vi))　1996年

❾古都奈良の文化財　奈良県奈良市　文化遺産(登録基準(ii)(iii)(iv)(vi))　1998年

❿日光の社寺　栃木県日光市　文化遺産(登録基準(i)(iv)(vi))　1999年

⓫琉球王国のグスク及び関連遺産群
沖縄県(那覇市、うるま市、国頭郡今帰仁村、中頭郡読谷村、北中城村、中城村、南城市)
文化遺産(登録基準(ii)(iii)(vi))　2000年

⑫紀伊山地の霊場と参詣道
三重県(尾鷲市、熊野市、度会郡大紀町、北牟婁郡紀北町、南牟婁郡御浜町、紀宝町)
奈良県(吉野郡吉野町、黒滝村、天川村、野迫川村、十津川村、下北山村、上北山村、川上村)
和歌山県(新宮市、田辺市、橋本市、伊都郡かつらぎ町、九度山町、高野町、西牟婁郡白浜町、すさみ町、上富田町、東牟婁郡那智勝浦町、串本町)
文化遺産(登録基準(ii)(iii)(iv)(vi)) 2004年／2016年
⑬知床 北海道(斜里郡斜里町、目梨郡羅臼町) 自然遺産(登録基準(ix)(x)) 2005年
⑭石見銀山遺跡とその文化的景観 島根県大田市
文化遺産(登録基準(ii)(iii)(v)) 2007年／2010年
⑮平泉−仏国土(浄土)を表す建築・庭園及び考古学的遺跡群
岩手県西磐井郡平泉町 文化遺産(登録基準(ii)(vi)) 2011年
⑯小笠原諸島 東京都小笠原村 自然遺産(登録基準(ix)) 2011年
⑰富士山−信仰の対象と芸術の源泉
山梨県(富士吉田市、富士河口湖町、忍野村、山中湖村、鳴沢村)
静岡県(富士宮市、富士市、御殿場市、裾野市、小山町)
文化遺産(登録基準(iii)(vi)) 2013年
⑱富岡製糸場と絹産業遺産群 群馬県(富岡市、藤岡市、伊勢崎市、下仁田町)
文化遺産(登録基準(ii)(iv)) 2014年
⑲明治日本の産業革命遺産:製鉄・製鋼、造船、石炭産業
福岡県(北九州市、大牟田市、中間市)、佐賀県(佐賀市)、長崎県(長崎市)、熊本県(荒尾市、宇城市)、鹿児島県(鹿児島市)、山口県(萩市)、岩手県(釜石市)、静岡県(伊豆の国市)
文化遺産(登録基準(ii)(iv)) 2015年
⑳ル・コルビュジエの建築作品−近代建築運動への顕著な貢献−
フランス／スイス／ベルギー／ドイツ／インド／日本(東京都台東区)／アルゼンチン
文化遺産(登録基準(i)(ii)(vi)) 2016年
㉑「神宿る島」宗像・沖ノ島と関連遺産群 福岡県(宗像市、福津市)
文化遺産(登録基準(ii)(iii)) 2017年
㉒長崎と天草地方の潜伏キリシタン関連遺産
長崎県(長崎市、佐世保市、平戸市、五島市、南島原市、小値賀町、新上五島町)、熊本県(天草市)
文化遺産(登録基準(ii)(iii)) 2018年
㉓百舌鳥・古市古墳群:古代日本の墳墓群 大阪府(堺市、羽曳野市、藤井寺市)
文化遺産(登録基準(iii)(iv)) 2019年
㉔奄美大島、徳之島、沖縄島北部及び西表島
自然遺産(登録基準(x)) 2021年
㉕北海道・北東北ノ縄文遺跡群
文化遺産(登録基準((iii)(v))) 2021年

㉖ 日本の世界遺産暫定リスト記載物件

世界遺産締約国は、世界遺産委員会から将来、世界遺産リストに登録する為の候補物件について、暫定リスト(Tentative List)の目録を提出することが求められている。わが国の暫定リスト記載物件は、次の5件である。

- **古都鎌倉の寺院・神社ほか**(神奈川県 1992年暫定リスト記載)
  - 「武家の古都・鎌倉」 2013年5月、「不記載」勧告。→登録推薦書類「取り下げ」
- **彦根城**(滋賀県 1992年暫定リスト記載)
- **飛鳥・藤原−古代日本の宮都と遺跡群**(奈良県 2007年暫定リスト記載)
- **金を中心とする佐渡鉱山の遺産群**(新潟県 2010年暫定リスト記載)
- **平泉−仏国土(浄土)を表す建築・庭園及び考古学的遺跡群＜登録範囲の拡大＞**
(岩手県 2013年暫定リスト記載)

ユネスコ世界遺産の概要

㉗ ユネスコ世界遺産の今後の課題

●「世界遺産リスト」への登録物件の厳選、精選、代表性、信用(信頼)性の確保。
●世界遺産委員会へ諮問する専門機関(IUCNとICOMOS)の勧告と世界遺産委員会の決議との乖離(いわゆる逆転登録)の是正。
●世界遺産にふさわしいかどうかの潜在的OUV（顕著な普遍的価値）の有無等を書面審査で評価する「事前評価」(preliminary assessment)の導入。
●行き過ぎたロビー活動を規制する為の規則を、オペレーショナル・ガイドラインズに反映することについての検討。
●締約国と専門機関(IUCNとICOMOS)との対話の促進と手続きの透明性の確保。
●同種、同類の登録物件のシリアルな再編と統合。
　例示：イグアス国立公園(アルゼンチンとブラジル)
　　　　サンティアゴ・デ・コンポステーラへの巡礼道(スペインとフランス)
　　　　スンダルバンス国立公園(インド)とサンダーバンズ(バングラデシュ)
　　　　古代高句麗王国の首都群と古墳群(中国)と高句麗古墳群(北朝鮮)　など。
●「世界遺産リスト」への登録物件の上限数の検討。
●世界遺産の効果的な保護(Conservation)の確保。
●世界遺産登録時の真正性或は真実性（Authenticity)や完全性(Integrity)が損なわれた場合の世界遺産リストからの抹消。
●類似物件、同一カテゴリーの物件との合理的な比較分析。→　暫定リストの充実
●登録物件数の地域的不均衡(ヨーロッパ・北米偏重)の解消。
●自然遺産と文化遺産の登録物件数の不均衡(文化遺産偏重)の解消。
●グローバル・ストラテジー(文化的景観、産業遺産、20世紀の建築等)の拡充。
●「文化的景観」、「歴史的町並みと街区」、「運河に関わる遺産」、「遺産としての道」など、特殊な遺産の世界遺産リストへの登録。
●危機にさらされている世界遺産（★【危機遺産】）への登録手続きの迅速化などの緊急措置。
●新規登録の選定作業よりも、既登録の世界遺産のモニタリングなど保全管理を重視し、危機遺産比率を下げていくことへの注力。
●複数国にまたがるシリアル・ノミネーション(トランスバウンダリー・ノミネーション)の保全管理にあたって、全体の「顕著な普遍的価値」が損なわれないよう、構成資産のある当事国や所有管理者間のコミュニケーションを密にし、全体像の中での各構成資産の位置づけなどの解説や説明など全体管理を行なう為の組織の組成とガイダンス施設の充実。
●インターネットからの現地情報の収集など実効性のある監視強化メカニズム(Reinforced Monitoring Mechanism)の運用。
●「気候変動が世界遺産に及ぼす影響」など地球環境問題への戦略的対応。
●世界遺産管理におけるHIA(Heritage Impact Assessment　文化遺産のもつ価値への開発等による影響度合いの評価）の重要性の認識と活用方法。
●世界遺産条約締約国が、世界遺産条約の理念や本旨を遵守しない場合の制裁措置等の検討。
●世界遺産条約をまだ締約していない国・地域（ナウル、リヒテンシュタイン)の条約締約の促進。
●世界遺産条約を締約しているが、まだ世界遺産登録のない国(ブルンディ、コモロ、リベリア、シエラレオネ、スワジランド、ギニア・ビサウ、サントメ・プリンシペ、ジブチ、赤道ギニア、南スーダン、クウェート、モルジブ、ニウエ、サモア、ブータン、トンガ、クック諸島、ブルネイ、東ティモール、モナコ、ガイアナ、グレナダ、セントヴィンセントおよびグレナディーン諸島、トリニダード・トバコ、バハマ)からの最低1物件以上の世界遺産登録の促進。
●世界遺産条約を締約していない国・地域の世界遺産（なかでも★【危機遺産】）の取扱い。
●世界遺産条約を締約しているが、まだ世界遺産暫定リストを作成していない国（赤道ギニア、サントメ・プリンシペ、南スーダン、ブルネイ、クック諸島、ニウエ、東ティモール)への作成の促進。
●無形文化遺産保護条約、世界の記憶(Memory of the World）との連携。
●世界遺産から無形遺産も含めたグローバル、一体的な地球遺産へ。
●世界遺産基金の充実と世界銀行など国際金融機関との連携。
●世界遺産を通じての国際交流と国際協力の促進。
●世界遺産地の博物館、美術館、情報センター、ビジターセンターなどのガイダンス施設の充実。
●国連「世界遺産のための国際デー」（11月16日)の制定。

㉘ ユネスコ世界遺産を通じての総合学習

- ●世界平和や地球環境の大切さ
- ●世界遺産の鑑賞とその価値（歴史性、芸術性、文化性、景観上、保存上、学術上など）
- ●地球の活動の歴史と生物多様性（自然景観、地形・地質、生態系、生物多様性など）
- ●人類の功績、所業、教訓（遺跡、建造物群、モニュメントなど）
- ●世界遺産の多様性（自然の多様性、文化の多様性）
- ●世界遺産地の民族、言語、宗教、地理、歴史、伝統、文化
- ●世界遺産の保護と地域社会の役割
- ●世界遺産と人間の生活や生業との関わり
- ●世界遺産を取り巻く脅威、危険、危機
- ●世界遺産の保護・保全・保存の大切さ
- ●世界遺産の利活用（教育、観光、地域づくり、まちづくり）
- ●国際理解、異文化理解
- ●世界遺産教育、世界遺産学習
- ●広い視野に立って物事を考えることの大切さ
- ●郷土愛、郷土を誇りに思う気持ちの大切さ
- ●人と人とのつながりや絆の大切さ
- ●地域遺産を守っていくことの大切さ
- ●ヘリティッジ・ツーリズム、ライフ・ビヨンド・ツーリズム、カルチュラル・ツーリズム、エコ・ツーリズムなど

㉚ 世界遺産条約の将来

●<u>世界遺産の6つの将来目標</u>

◎世界遺産の「顕著な普遍的価値」（OUV）の維持
◎世界で最も「顕著な普遍的価値」のある文化・自然遺産の世界遺産リストの作成
◎現在と将来の環境的、社会的、経済的なニーズを考慮した遺産の保護と保全
◎世界遺産のブランドの質の維持・向上
◎世界遺産委員会の政策と戦略的重要事項の表明
◎定例会合での決議事項の周知と効果的な履行

●<u>世界遺産条約履行の為の戦略的行動計画　2012年～2022年</u>

◎信用性、代表性、均衡性のある「世界遺産リスト」である為のグローバル戦略の履行と自発的な保全へ取組みとの連携（PACT＝世界遺産パートナー・イニシアティブ）に関するユネスコの外部監査による独立的評価
◎世界遺産の人材育成戦略
◎災害危険の軽減戦略
◎世界遺産地の気候変動のインパクトに関する政策
◎下記のテーマに関する専門家グループ会合開催の推奨
　○ 世界遺産の保全への取組み
　○ 世界遺産委員会などでの組織での意思決定の手続き
　○ 世界遺産委員会での登録可否の検討に先立つ前段プロセス（早い段階での諮問機関のICOMOSやIUCNと登録申請国との対話等、3月末締切りのアップストリーム・プロセス）の改善
　○ 世界遺産条約における保全と持続可能な発展との関係

<出所>2011年第18回世界遺産条約締約国パリ総会での決議事項に拠る。

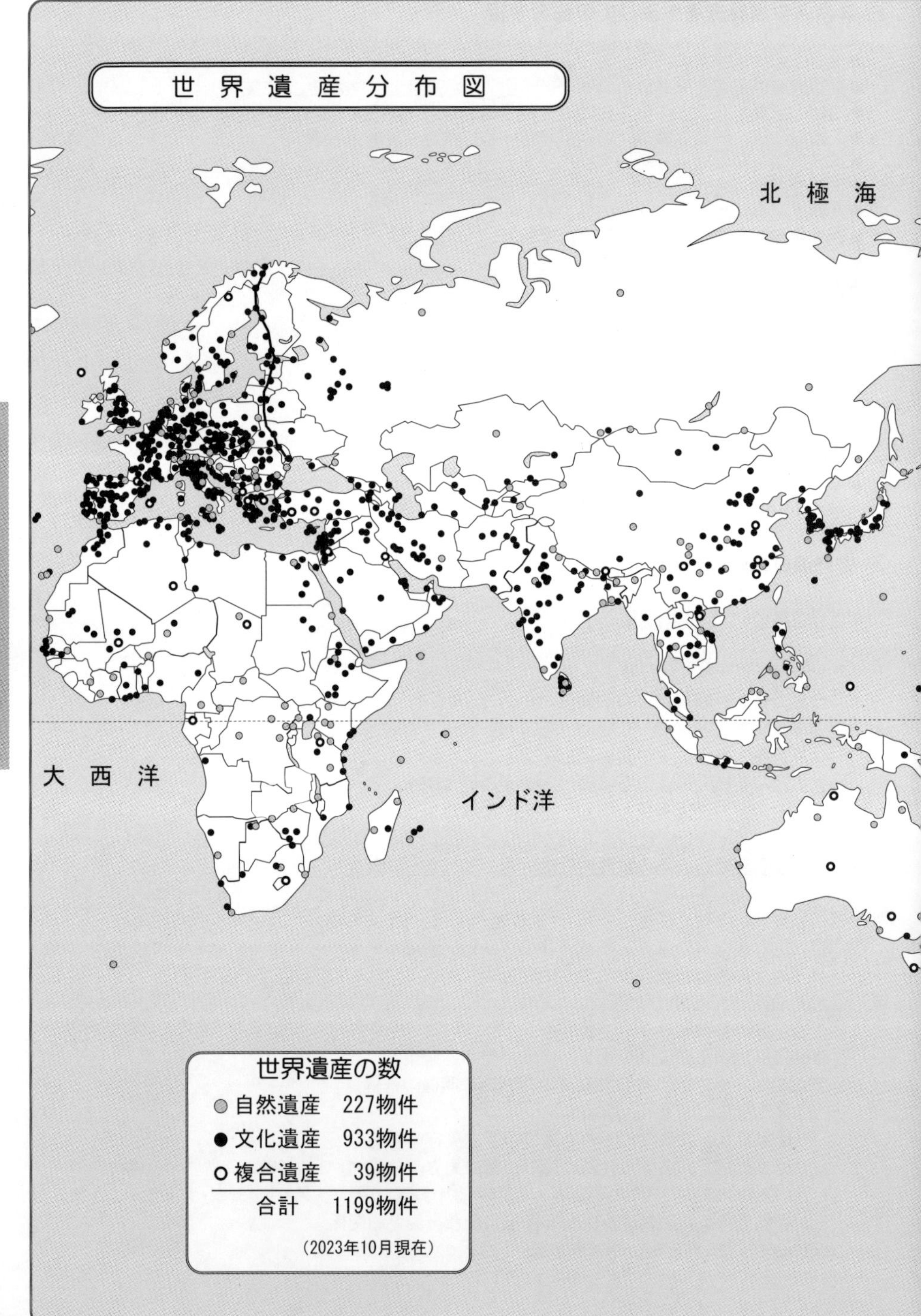
世界遺産分布図
北極海
大西洋
インド洋
世界遺産の数
自然遺産 227物件
文化遺産 933物件
複合遺産 39物件
合計 1199物件
(2023年10月現在)

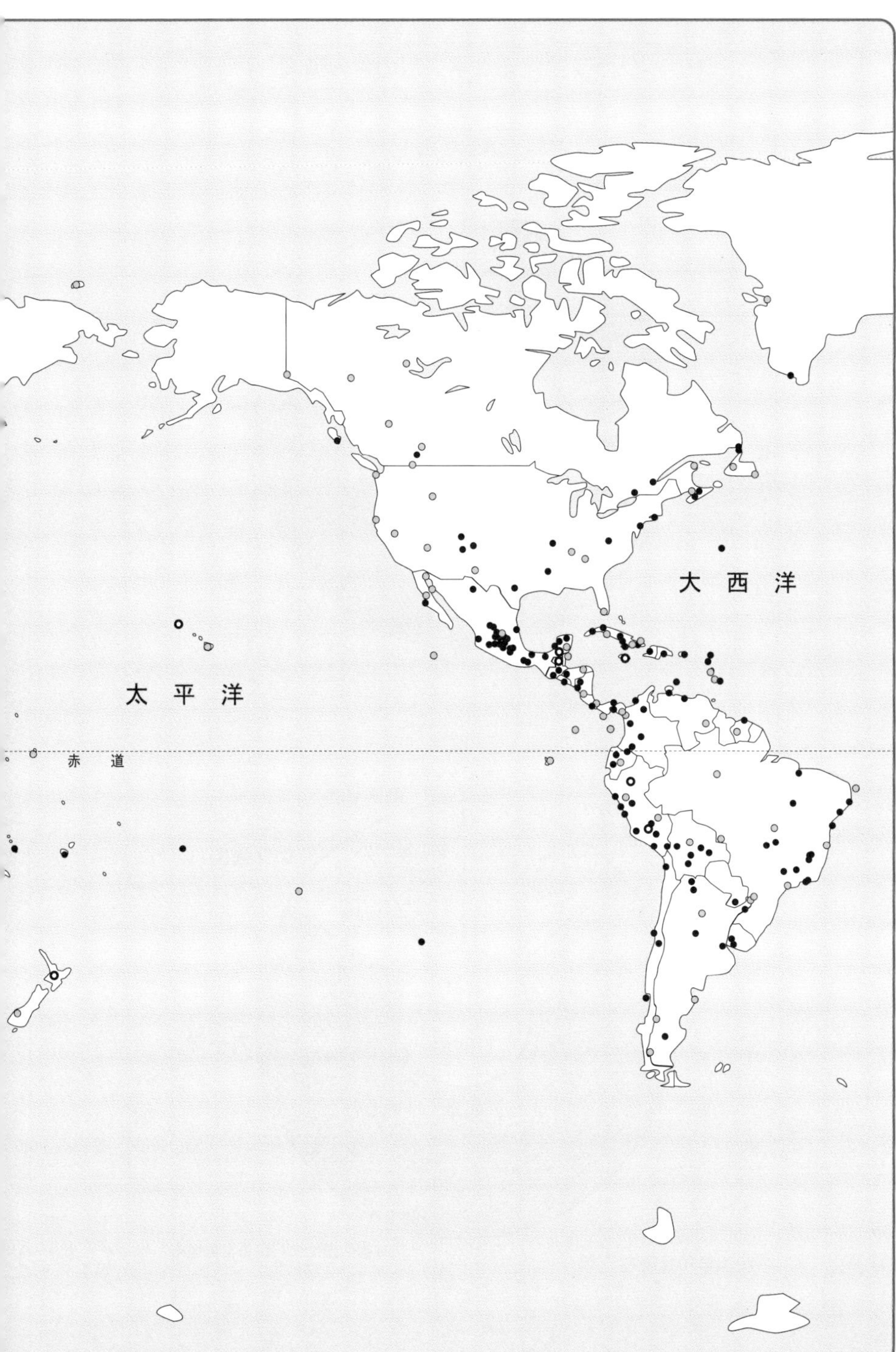

大 西 洋
太 平 洋
赤 道

グラフで見るユネスコの世界遺産

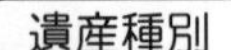

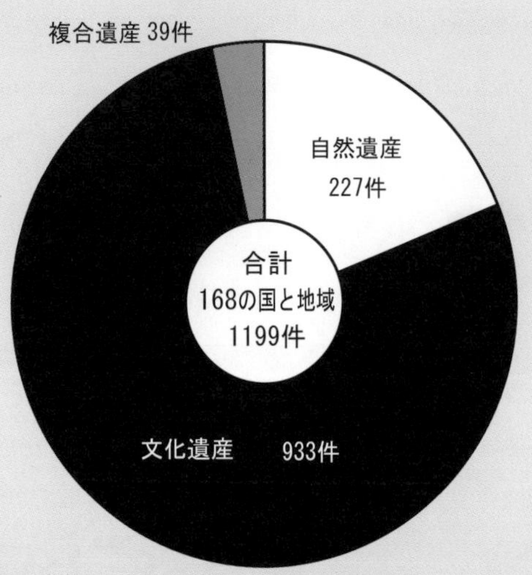

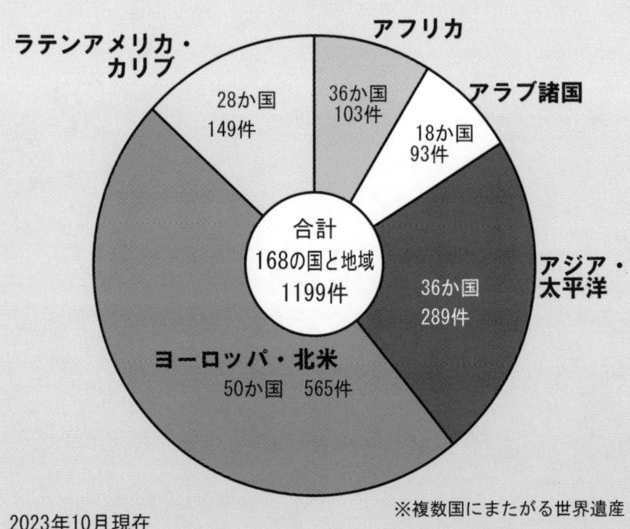

※複数国にまたがる世界遺産　48

2023年10月現在

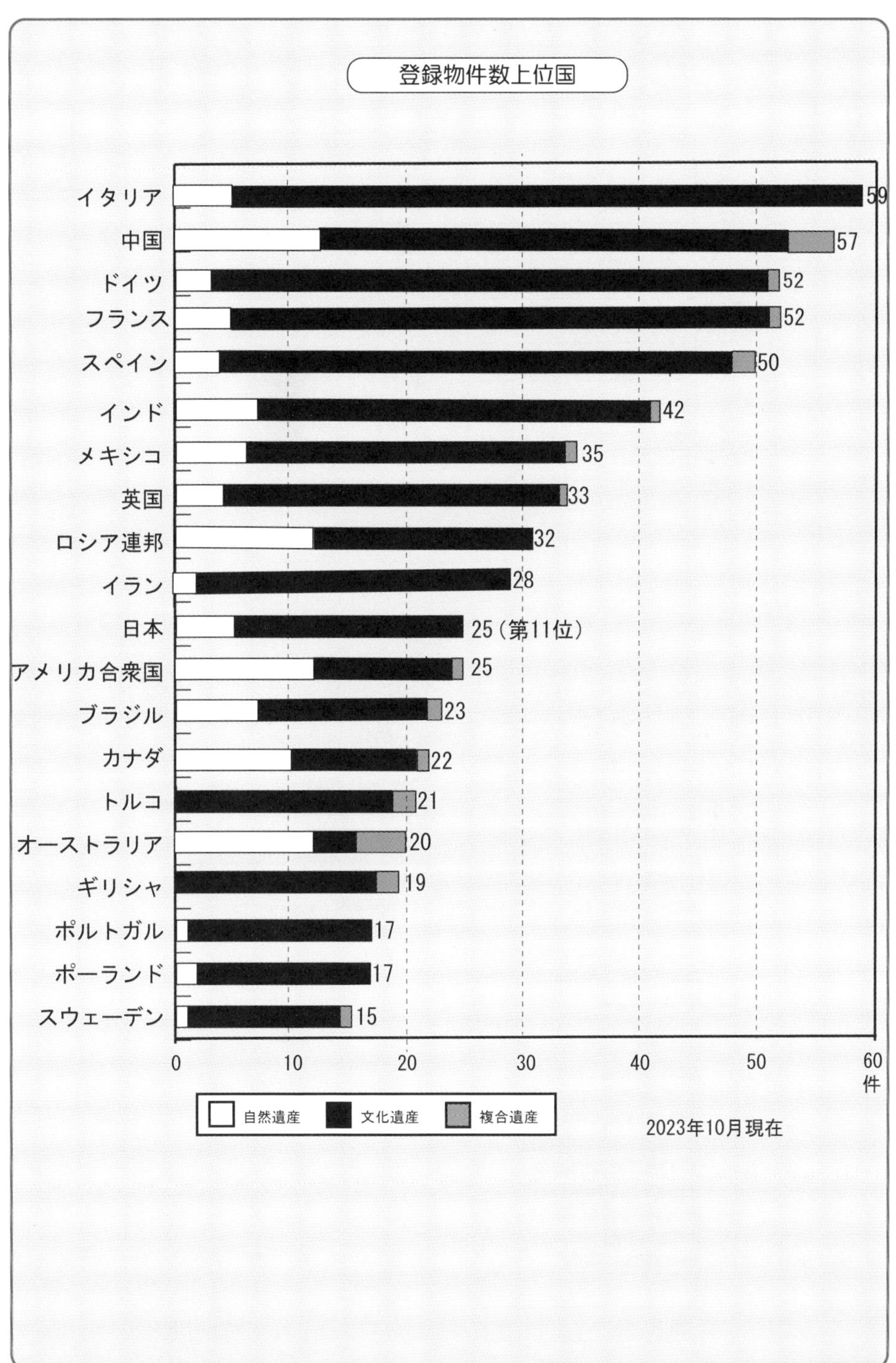
登録物件数上位国
イタリア 59
中国 57
ドイツ 52
フランス 52
スペイン 50
インド 42
メキシコ 35
英国 33
ロシア連邦 32
イラン 28
日本 25（第11位）
アメリカ合衆国 25
ブラジル 23
カナダ 22
トルコ 21
オーストラリア 20
ギリシャ 19
ポルトガル 17
ポーランド 17
スウェーデン 15
0
10
20
30
40
50
60
件
自然遺産
文化遺産
複合遺産
2023年10月現在

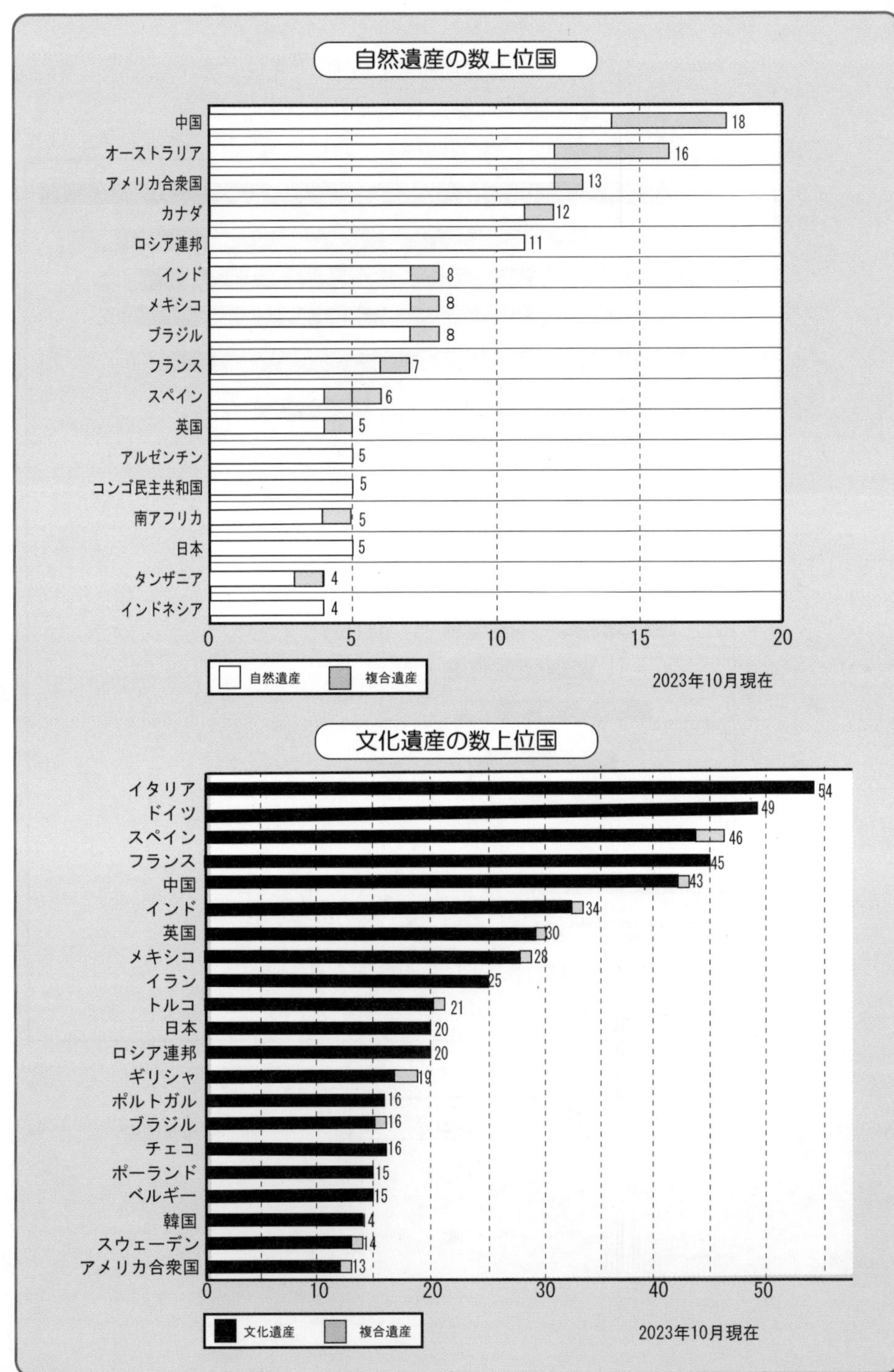
自然遺産の数上位国
中国 18
オーストラリア 16
アメリカ合衆国 13
カナダ 12
ロシア連邦 11
インド 8
メキシコ 8
ブラジル 8
フランス 7
スペイン 6
英国 5
アルゼンチン 5
コンゴ民主共和国 5
南アフリカ 5
日本 5
タンザニア 4
インドネシア 4
0 5 10 15 20
自然遺産 複合遺産
2023年10月現在
文化遺産の数上位国
イタリア 54
ドイツ 49
スペイン 46
フランス 45
中国 43
インド 34
英国 30
メキシコ 28
イラン 25
トルコ 21
日本 20
ロシア連邦 20
ギリシャ 19
ポルトガル 16
ブラジル 16
チェコ 16
ポーランド 15
ベルギー 15
韓国 14
スウェーデン 14
アメリカ合衆国 13
0 10 20 30 40 50
文化遺産 複合遺産
2023年10月現在

図表で見るユネスコ世界遺産

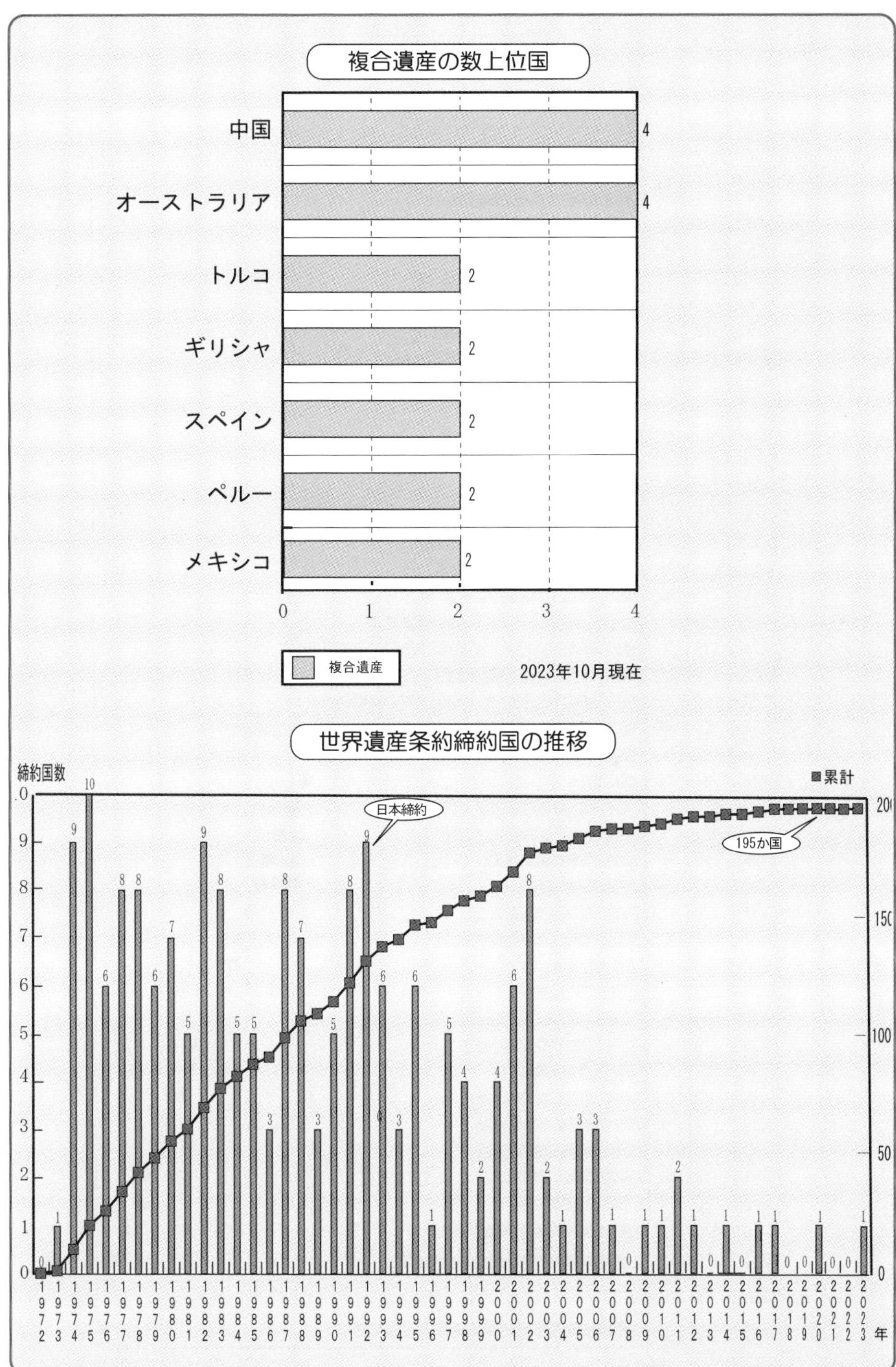
複合遺産の数上位国
中国
オーストラリア
トルコ
ギリシャ
スペイン
ペルー
メキシコ
4
4
2
2
2
2
2
0
1
2
3
4
複合遺産
2023年10月現在
世界遺産条約締約国の推移
締約国数
累計
日本締約
195か国
年

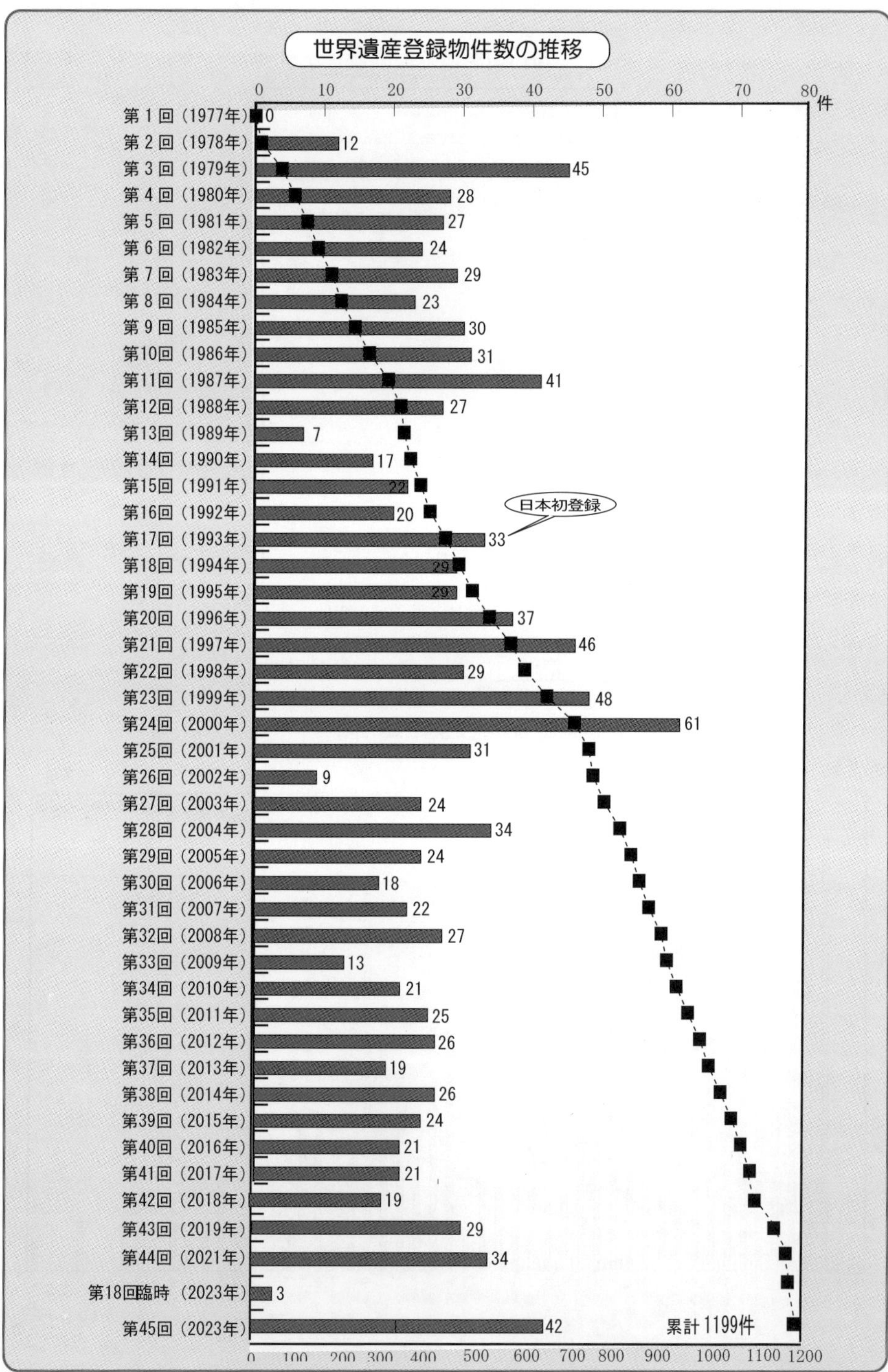
世界遺産登録物件数の推移
0 10 20 30 40 50 60 70 80 件
第１回（1977年） 0
第２回（1978年） 12
第３回（1979年） 45
第４回（1980年） 28
第５回（1981年） 27
第６回（1982年） 24
第７回（1983年） 29
第８回（1984年） 23
第９回（1985年） 30
第10回（1986年） 31
第11回（1987年） 41
第12回（1988年） 27
第13回（1989年） 7
第14回（1990年） 17
第15回（1991年） 22
第16回（1992年） 20
日本初登録
第17回（1993年） 33
第18回（1994年） 29
第19回（1995年） 29
第20回（1996年） 37
第21回（1997年） 46
第22回（1998年） 29
第23回（1999年） 48
第24回（2000年） 61
第25回（2001年） 31
第26回（2002年） 9
第27回（2003年） 24
第28回（2004年） 34
第29回（2005年） 24
第30回（2006年） 18
第31回（2007年） 22
第32回（2008年） 27
第33回（2009年） 13
第34回（2010年） 21
第35回（2011年） 25
第36回（2012年） 26
第37回（2013年） 19
第38回（2014年） 26
第39回（2015年） 24
第40回（2016年） 21
第41回（2017年） 21
第42回（2018年） 19
第43回（2019年） 29
第44回（2021年） 34
第18回臨時（2023年） 3
第45回（2023年） 42
累計 1199件
0 100 200 300 400 500 600 700 800 900 1000 1100 1200

世界遺産と危機遺産の数の推移と比率

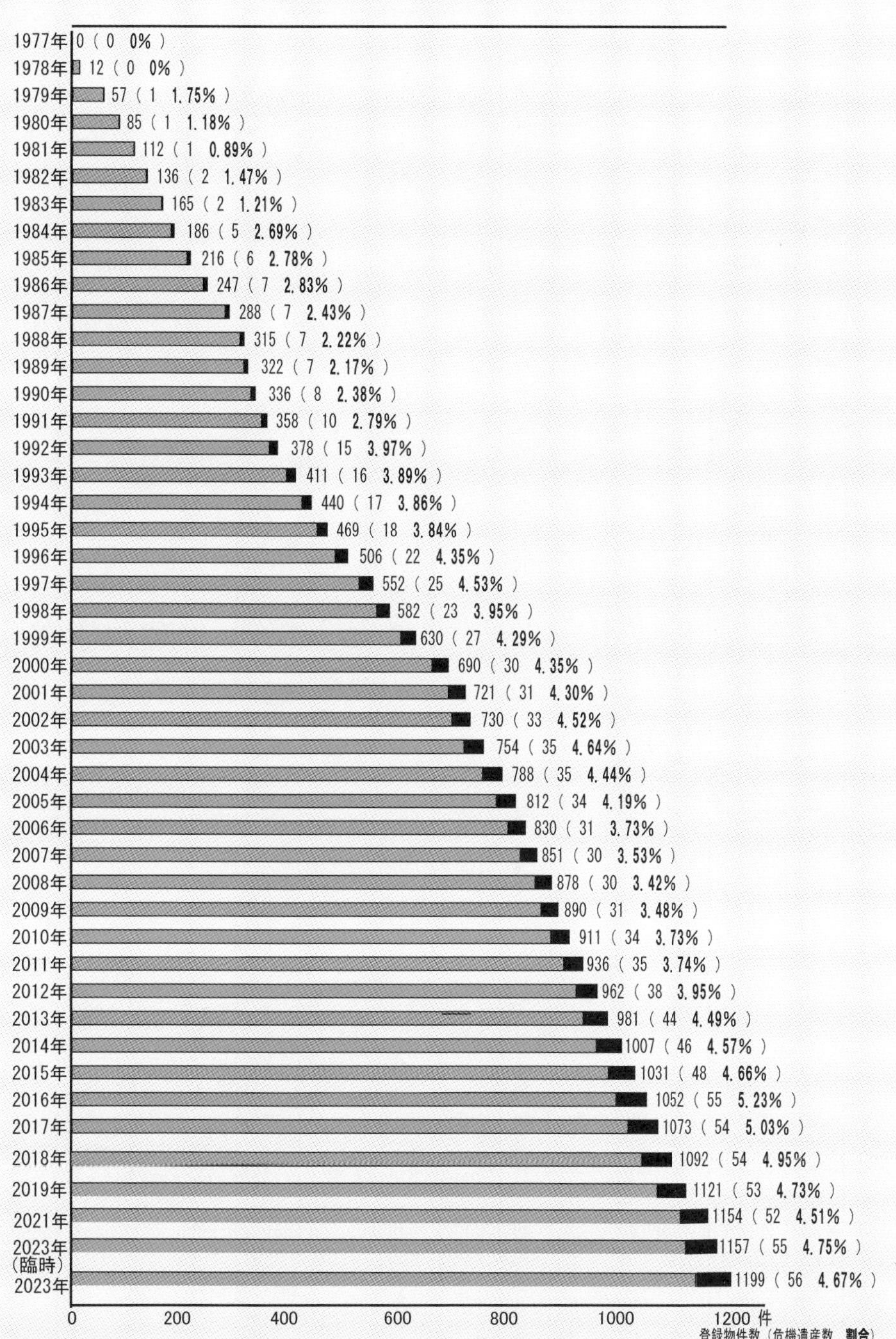
1977年 0（0　0%）
1978年 12（0　0%）
1979年 57（1　1.75%）
1980年 85（1　1.18%）
1981年 112（1　0.89%）
1982年 136（2　1.47%）
1983年 165（2　1.21%）
1984年 186（5　2.69%）
1985年 216（6　2.78%）
1986年 247（7　2.83%）
1987年 288（7　2.43%）
1988年 315（7　2.22%）
1989年 322（7　2.17%）
1990年 336（8　2.38%）
1991年 358（10　2.79%）
1992年 378（15　3.97%）
1993年 411（16　3.89%）
1994年 440（17　3.86%）
1995年 469（18　3.84%）
1996年 506（22　4.35%）
1997年 552（25　4.53%）
1998年 582（23　3.95%）
1999年 630（27　4.29%）
2000年 690（30　4.35%）
2001年 721（31　4.30%）
2002年 730（33　4.52%）
2003年 754（35　4.64%）
2004年 788（35　4.44%）
2005年 812（34　4.19%）
2006年 830（31　3.73%）
2007年 851（30　3.53%）
2008年 878（30　3.42%）
2009年 890（31　3.48%）
2010年 911（34　3.73%）
2011年 936（35　3.74%）
2012年 962（38　3.95%）
2013年 981（44　4.49%）
2014年 1007（46　4.57%）
2015年 1031（48　4.66%）
2016年 1052（55　5.23%）
2017年 1073（54　5.03%）
2018年 1092（54　4.95%）
2019年 1121（53　4.73%）
2021年 1154（52　4.51%）
2023年（臨時） 1157（55　4.75%）
2023年 1199（56　4.67%）
0
200
400
600
800
1000
1200 件
登録物件数（危機遺産数　割合）

世界遺産委員会別登録物件数の内訳

回次	開催年	登録物件数				登録物件数（累計）				備　考
		自然	文化	複合	合 計	自 然	文 化	複 合	累 計	
第１回	1977年	0	0	0	**0**	0	0	0	**0**	
第２回	1978年	4	8	0	**12**	4	8	0	**12**	
第３回	1979年	10	34	1	**45**	14	42	1	**57**	
第４回	1980年	6	23	0	**29**	19①	65	2①	**86**	
第５回	1981年	9	15	2	**26**	28	80	4	**112**	
第６回	1982年	5	17	2	**24**	33	97	6	**136**	
第７回	1983年	9	19	1	**29**	42	116	7	**165**	
第８回	1984年	7	16	0	**23**	48②	131③	7	**186**	
第９回	1985年	4	25	1	**30**	52	156	8	**216**	
第10回	1986年	8	23	0	**31**	60	179	8	**247**	
第11回	1987年	8	32	1	**41**	68	211	9	**288**	
第12回	1988年	5	19	3	**27**	73	230	12	**315**	
第13回	1989年	2	4	1	**7**	75	234	13	**322**	
第14回	1990年	5	11	1	**17**	77④	245	14	**336**	
第15回	1991年	6	16	0	**22**	83	261	14	**358**	
第16回	1992年	4	16	0	**20**	86⑤	277	15⑤	**378**	
第17回	1993年	4	29	0	**33**	89⑥	306	16⑥	**411**	
第18回	1994年	8	21	0	**29**	96⑦	327	17⑦	**440**	
第19回	1995年	6	23	0	**29**	102	350	17	**469**	
第20回	1996年	5	30	2	**37**	107	380	19	**506**	
第21回	1997年	7	38	1	**46**	114	418	20	**552**	
第22回	1998年	3	27	0	**30**	117	445	20	**582**	
第23回	1999年	11	35	2	**48**	128	480	22	**630**	
第24回	2000年	10	50	1	**61**	138	529⑧	23	**690**	
第25回	2001年	6	25	0	**31**	144	554	23	**721**	
第26回	2002年	0	9	0	**9**	144	563	23	**730**	
第27回	2003年	5	19	0	**24**	149	582	23	**754**	
第28回	2004年	5	29	0	**34**	154	611	23	**788**	
第29回	2005年	7	17	0	**24**	160⑨	628	24⑨	**812**	
第30回	2006年	2	16	0	**18**	162	644	24	**830**	
第31回	2007年	5	16	1	**22**	166⑩	660	25	**851**	
第32回	2008年	8	19	0	**27**	174	679	25	**878**	
第33回	2009年	2	11	0	**13**	176	689⑪	25	**890**	
第34回	2010年	5	15	1	**21**	180⑫	704	27⑫	**911**	
第35回	2011年	3	21	1	**25**	183	725	28	**936**	
第36回	2012年	5	20	1	**26**	188	745	29	**962**	
第37回	2013年	5	14	0	**19**	193	759	29	**981**	
第38回	2014年	4	21	1	**26**	197	779⑬	31⑬	**1007**	
第39回	2015年	0	23	1	**24**	197	802	32	**1031**	
第40回	2016年	6	12	3	**21**	203	814	35	**1052**	
第41回	2017年	3	18	0	**21**	206	832	35	**1073**	
第42回	2018年	3	13	3	**19**	209	845	38	**1092**	
第43回	2019年	4	24	1	**29**	213	869	39	**1121**	
第44回	2021年	5	29	0	**34**	218	897	39	**1154**	
臨　時	2023年	0	3	0	**3**	218	900	39	**1157**	
第45回	2023年	9	33	0	**42**	227	933	39	**1199**	

備考

①オフリッド湖〈自然遺産〉
（マケドニア*1979年登録）
→文化遺産加わり複合遺産に
*当時の国名はユーゴスラヴィア

②バージェス・シェル遺跡〈自然遺産〉
（カナダ1980年登録）
→「カナディアンロッキー山脈公園」
として再登録。上記物件を統合

③グアラニー人のイエズス会伝道所
〈文化遺産〉（ブラジル1983年登録）
→アルゼンチンにある物件が登録
され、1物件とみなされることに

④ウエストランド、マウント・クック
国立公園〈自然遺産〉
フィヨルドランド国立公園〈自然遺産〉
（ニュージーランド1986年登録）
→「テ・ワヒポナム」として再登録。
上記2物件を統合し1物件に
④タラマンカ地方－ラ・アミスタッド
保護区群〈自然遺産〉
（コスタリカ1983年登録）
→パナマのラ・アミスタッド国立公園
を加え再登録。
上記物件を統合し1物件に

⑤リオ・アビセオ国立公園〈自然遺産〉
（ペルー）
→文化遺産加わり複合遺産に
⑥トンガリロ国立公園〈自然遺産〉
（ニュージーランド）
→文化遺産加わり複合遺産に
⑦ウルル－カタ・ジュタ国立公園
〈自然遺産〉（オーストラリア）
→文化遺産加わり複合遺産に

⑧シャンボール城〈文化遺産〉
（フランス1981年登録）
→「シュリー・シュルロワールと
シャロンヌの間のロワール渓谷」
として再登録。上記物件を統合

⑨セント・キルダ〈自然遺産〉
（イギリス1986年登録）
→文化遺産加わり複合遺産に

⑩アラビアン・オリックス保護区
〈自然遺産〉（オマーン1994年登録）
→登録抹消

⑪ドレスデンのエルベ渓谷
〈文化遺産〉（ドイツ2004年登録）
→登録抹消
⑫ンゴロンゴロ保全地域〈自然遺産〉
（タンザニア1978年登録）
→文化遺産加わり複合遺産に
⑬カラクムルのマヤ都市〈文化遺産〉
（メキシコ2002年登録）
→自然遺産加わり複合遺産に

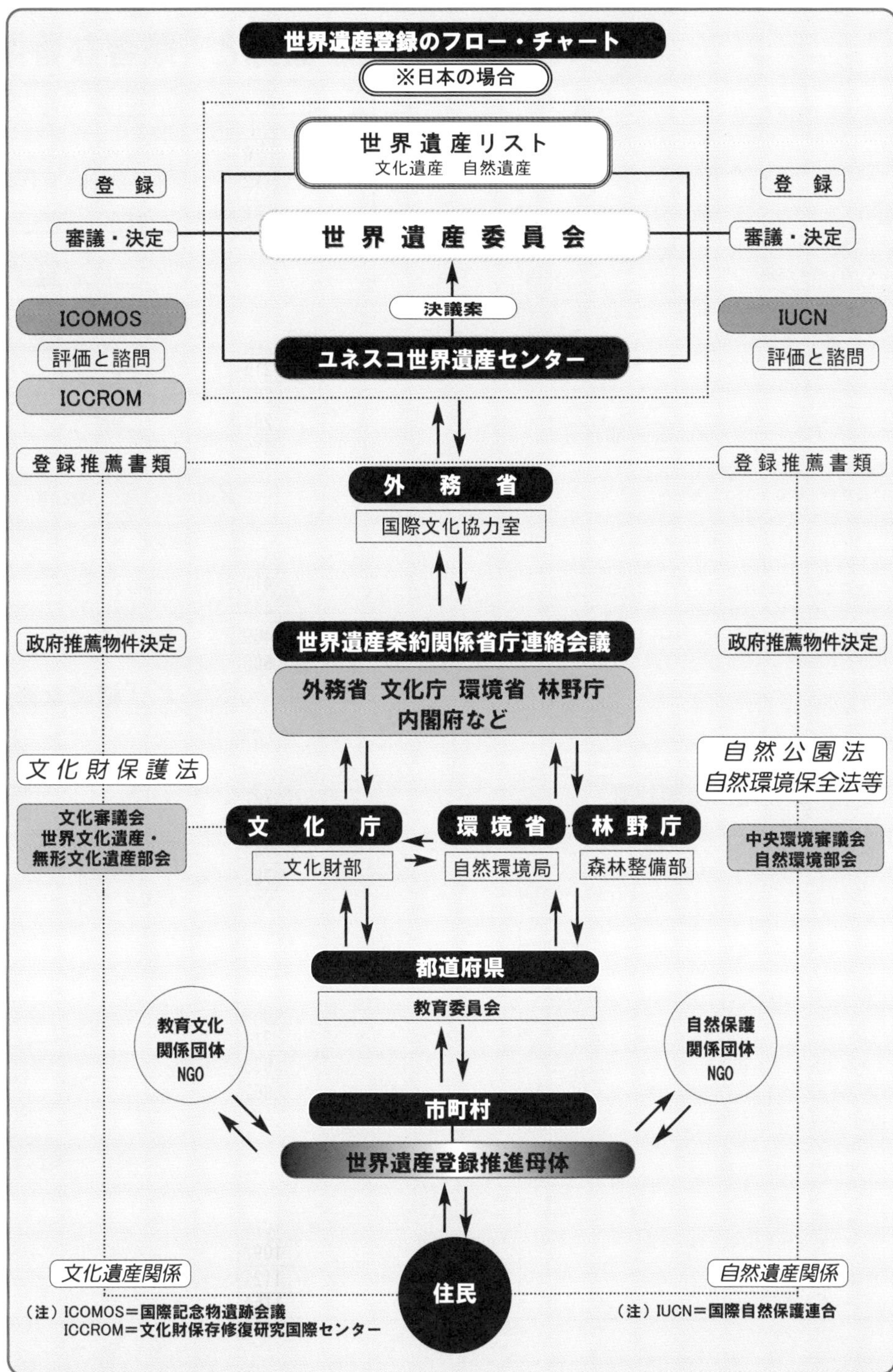
世界遺産登録のフロー・チャート
※日本の場合
世界遺産リスト
文化遺産　自然遺産
登　録
登　録
審議・決定
世界遺産委員会
審議・決定
決議案
ICOMOS
評価と諮問
ICCROM
ユネスコ世界遺産センター
IUCN
評価と諮問
登録推薦書類
外務省
国際文化協力室
登録推薦書類
政府推薦物件決定
世界遺産条約関係省庁連絡会議
外務省 文化庁 環境省 林野庁
内閣府など
政府推薦物件決定
文化財保護法
自然公園法
自然環境保全法等
文化審議会
世界文化遺産・
無形文化遺産部会
文化庁
文化財部
環境省
自然環境局
林野庁
森林整備部
中央環境審議会
自然環境部会
都道府県
教育委員会
教育文化
関係団体
NGO
自然保護
関係団体
NGO
市町村
世界遺産登録推進母体
住民
文化遺産関係
自然遺産関係
（注）ICOMOS＝国際記念物遺跡会議
ICCROM＝文化財保存修復研究国際センター
（注）IUCN＝国際自然保護連合

図表で見るユネスコ世界遺産

世界遺産登録と「顕著な普遍的

コア・ゾーン（推薦資産）

登録範囲

登録推薦資産を効果的に保護するたに明確に設定された境界線。

境界線の設定は、資産の「顕著な普遍的価値」及び完全性及び真正性が十分に表現されることを保証するように行われなければならない。

________________ ha

- 文化財保護法
  国の史跡指定
  国の重要文化的景観指定など
- 自然公園法
  国立公園、国定公園
- 都市計画法
  国営公園

バッファー・ゾーン（緩衝地帯）

推薦資産の効果的な保護を目的として、推薦資産を取り囲む地域に、法的または慣習的手法により補完的な利用・開発規制を敷くことにより設けられるもうひとつの保護の網。推薦資産の直接のセッティング（周辺の環境）、重要な景色やその他資産の保護を支える重要な機能をもつ地域または特性が含まれるべきである。

________________ ha

- 景観条例
- 環境保全条例

長期的な保存管理計画

担保条件

登録推薦資産の現在及び未来にわたる効果的な保護を担保するために、各資産について、資産の「顕著な普遍的価値」をどのように保全すべきか（参加型手法を用いることが望ましい）について明示した適切な管理計画のこと。どのような管理体制が効果的かは、登録推薦資産のタイプ、特性、ニーズや当該資産が置かれた文化、自然面での文脈によっても異なる。管理体制の形は、文化的視点、資源量その他の要因によって、様々な形式をとり得る。伝統的手法、既存の都市計画や地域計画の手法、その他の計画手法が使われることが考えられる。

- 管理主体
- 管理体制
- 管理計画

- 記録・保存・継承
- 公開・活用（教育、観光、まちづくり）

- 地域計画、都市計画
- 協働のまちづくり

顕著な普遍的価値（Outstanding

国家間の境界を超越し、人類全体にとって現代及び将来
文化的な意義及び/又は自然的な価値を意味する。従っ
国際社会全体にとって最高水準の重要性を有する。

ローカル ⇨ リージョナル ⇨ ナショナル ⇨

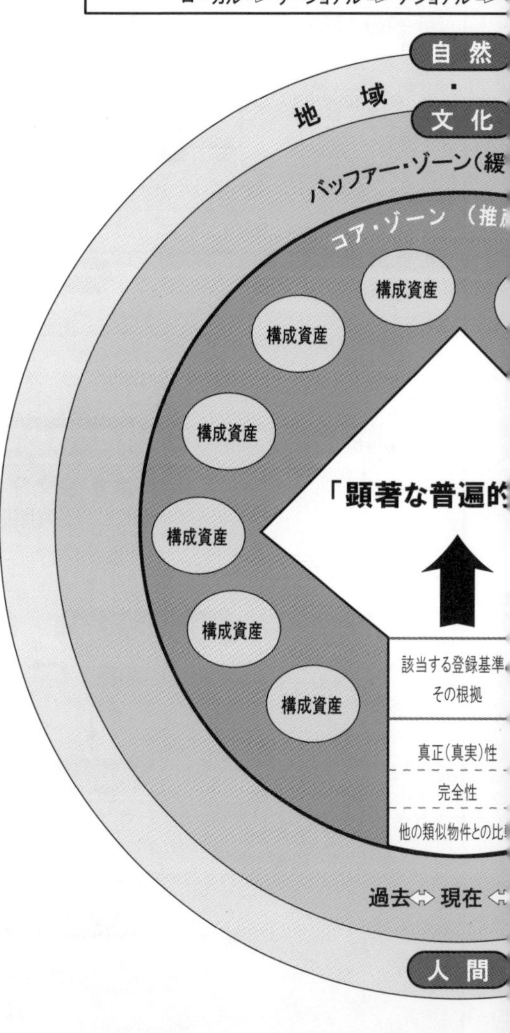

登録遺産名：○○○○○○○○○○○○○○
日本語表記：○○○○○○○○○○○○○○
位置（経緯度）：北緯○○度○○分　東経○○
登録遺産の説明と概要：○○○○○○○○○○
○○○○○○○○○○○○○

値」の考え方について

sal Value＝OUV）

した重要性をもつような、傑出した
な遺産を恒久的に保護することは

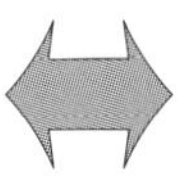

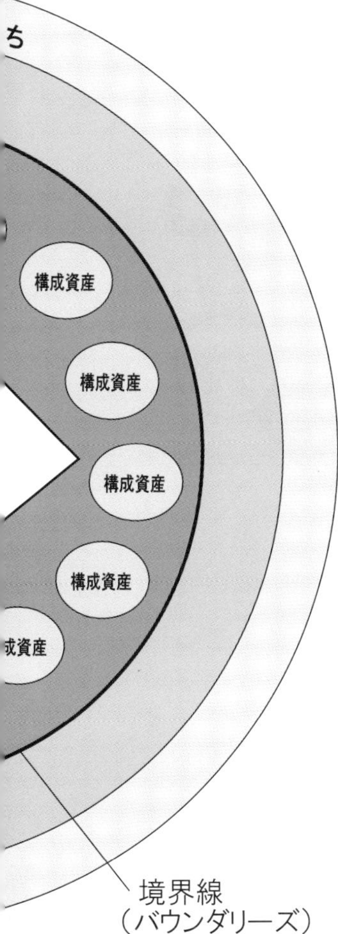

○○（英語）
○○○○
○○○○○○○○○
○○○○○

必要十分条件の証明

必要条件

登録基準（クライテリア）

(i) 人類の創造的天才の傑作を表現するもの。
→人類の創造的天才の傑作

(ii) ある期間を通じて、または、ある文化圏において、建築、技術、記念碑的芸術、町並み計画、景観デザインの発展に関し、人類の価値の重要な交流を示すもの。
→人類の価値の重要な交流を示すもの

(iii) 現存する、または、消滅した文化的伝統、または、文明の、唯一の、または、少なくとも稀な証拠となるもの。
→文化的伝統、文明の稀な証拠

(iv) 人類の歴史上重要な時代を例証する、ある形式の建造物、建築物群、技術の集積、または、景観の顕著な例。
→歴史上、重要な時代を例証する優れた例

(v) 特に、回復困難な変化の影響下で損傷されやすい状態にある場合における、ある文化（または、複数の文化）、或は、環境と人間との相互作用、を代表する伝統的集落、または、土地利用の顕著な例。
→存続が危ぶまれている伝統的集落、土地利用の際立つ例

(vi) 顕著な普遍的な意義を有する出来事、現存する伝統、思想、信仰、または、芸術的、文学的作品と、直接に、または、明白に関連するもの。
→普遍的出来事、伝統、思想、信仰、芸術、文学的作品と関連するもの

(vii) もっともすばらしい自然的現象、または、ひときわすぐれた自然美をもつ地域、及び、美的な重要性を含むもの。**→自然景観**

(viii) 地球の歴史上の主要な段階を示す顕著な見本であるもの。これには、生物の記録、地形の発達における重要な地学的進行過程、或は、重要な地形的、または、自然地理的特性などが含まれる。
→地形・地質

(ix) 陸上、淡水、沿岸、及び、海洋生態系と動植物群集の進化と発達において、進行しつつある重要な生態学的、生物学的プロセスを示す顕著な見本であるもの。**→生態系**

(x) 生物多様性の本来的保全にとって、もっとも重要かつ意義深い自然生息地を含んでいるもの。これには、科学上、または、保全上の観点から、普遍的価値をもつ絶滅の恐れのある種が存在するものを含む。
→生物多様性

※上記の登録基準(i)～(x)のうち、一つ以上の登録基準を満たすと共に、それぞれの根拠となる説明が必要。

十分条件

真正（真実）性（オーセンティシティ）

文化遺産の種類、その文化的文脈によって一様ではないが、資産の文化的価値（上記の登録基準）が、下に示すような多様な属性における表現において真実かつ信用性を有する場合に、真正性の条件を満たしていると考えられ得る。
○形状、意匠
○材料、材質
○用途、機能
○伝統、技能、管理体制
○位置、セッティング（周辺の環境）
○言語その他の無形遺産
○精神、感性
○その他の内部要素、外部要素

完全性（インテグリティ）

自然遺産及び文化遺産とそれらの特質のすべてが無傷で包含されている度合を測るためのものさしである。従って、完全性の条件を調べるためには、当該資産が以下の条件をどの程度満たしているかを評価する必要がある。
a)「顕著な普遍的価値」が発揮されるのに必要な要素（構成資産）がすべて含まれているか。
b) 当該物件の重要性を示す特徴を不足なく代表するために適切な大きさが確保されているか。
c) 開発及び管理放棄による負の影響を受けていないか。

他の類似物件との比較

当該物件を、国内外の類似の世界遺産、その他の物件と比較した比較分析を行わなければならない。比較分析では、当該物件の国内での重要性及び国際的な重要性について説明しなければならない。

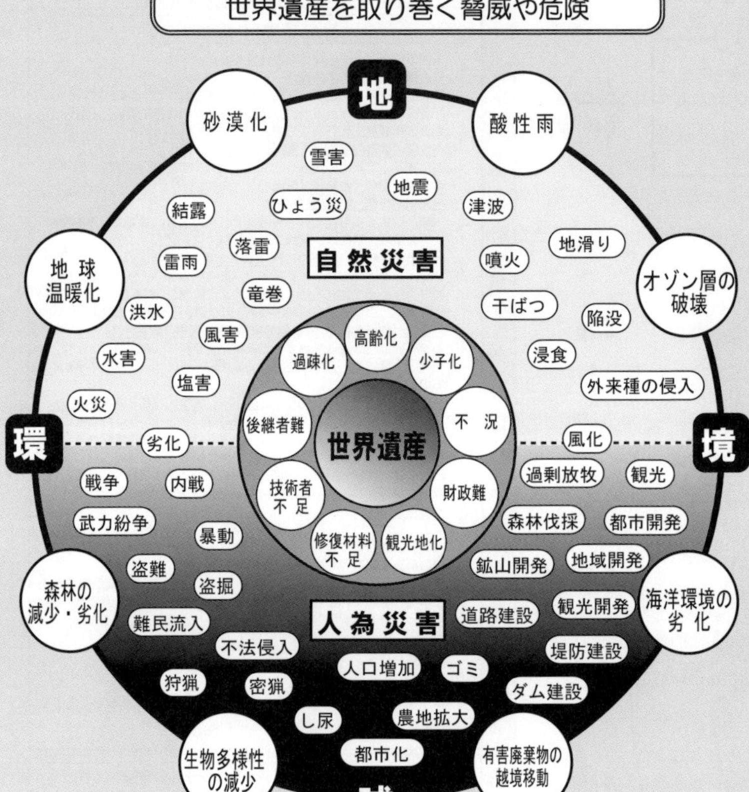

世界遺産を取巻く脅威、危険、危機の因子

固有危険　風化、劣化など

自然災害　地震、津波、地滑り、火山の噴火など

人為災害　タバコの不始末等による火災、無秩序な開発行為など

地球環境問題　地球温暖化、砂漠化、酸性雨、海洋環境の劣化など

社会環境の変化　過疎化、高齢化、後継者難、観光地化など

世界遺産を取巻く脅威、危険、危機の状況

確認危険　遺産が特定の確認された差し迫った危険に直面している状況

潜在危険　遺産固有の特徴に有害な影響を与えかねない脅威に直面している状況

確認危険と潜在危険

遺産種別 / 危険種別	文化遺産	自然遺産
確認危険 Ascertained Danger	● 材質の重大な損壊 ● 構造、或は、装飾的な特徴 ● 建築、或は、都市計画の統一性 ● 歴史的な真正性 ● 文化的な定義	● 病気、密猟、密漁 ● 大規模開発、産業開発採掘、汚染、森林伐採 ● 境界や上流地域への人間の侵入
潜在危険 Potential Danger	● 遺産の法的地位 ● 保護政策 ● 地域開発計画 ● 都市開発計画 ● 武力紛争 ● 地質、気象、その他の環境的要因	● 指定地域の法的な保護状況 ● 再移転計画、或は開発事業 ● 武力紛争 ● 保護管理計画

危機にさらされている世界遺産

	物件名	国名	危機遺産登録年	登録された主な理由
1	●エルサレム旧市街と城壁	ヨルダン推薦物件	1982年	民族紛争
2	●チャン・チャン遺跡地域	ペルー	1986年	風雨による侵食・崩壊
3	○ニンバ山厳正自然保護区	ギニア／コートジボワール	1992年	鉄鉱山開発、難民流入
4	○アイルとテネレの自然保護区	ニジェール	1992年	武力紛争、内戦
5	○ヴィルンガ国立公園	コンゴ民主共和国	1994年	地域紛争、密猟
6	○ガランバ国立公園	コンゴ民主共和国	1996年	密猟、内戦、森林破壊
7	○オカピ野生動物保護区	コンゴ民主共和国	1997年	武力紛争、森林伐採、密猟
8	○カフジ・ビエガ国立公園	コンゴ民主共和国	1997年	密猟、難民流入、農地開拓
9	○マノボ・グンダ・サンフローリス国立公園	中央アフリカ	1997年	密猟
10	●ザビドの歴史都市	イエメン	2000年	都市化、劣化
11	●アブ・ミナ	エジプト	2001年	土地改良による溢水
12	●ジャムのミナレットと考古学遺跡	アフガニスタン	2002年	戦乱による損傷、浸水
13	●バーミヤン盆地の文化的景観と考古学遺跡	アフガニスタン	2003年	崩壊、劣化、盗窟など
14	●アッシュル（カルア・シルカ）	イラク	2003年	ダム建設、保護管理措置欠如
15	●コロとその港	ヴェネズエラ	2005年	豪雨による損壊
16	●コソヴォの中世の記念物群	セルビア	2006年	政治的不安定による管理と保存の困難
17	○ニオコロ・コバ国立公園	セネガル	2007年	密猟、ダム建設計画
18	●サーマッラの考古学都市	イラク	2007年	宗派対立
19	●カスビのブガンダ王族の墓	ウガンダ	2010年	2010年3月の火災による焼失
20	○アツィナナナの雨林群	マダガスカル	2010年	違法な伐採、キツネザルの狩猟の横行
21	○エバーグレーズ国立公園	アメリカ合衆国	2010年	水界生態系の劣化の継続、富栄養化
22	○スマトラの熱帯雨林遺産	インドネシア	2011年	密猟、違法伐採など
23	○リオ・プラターノ生物圏保護区	ホンジュラス	2011年	違法伐採、密漁、不法占拠、密猟など
24	●トゥンブクトゥー	マリ	2012年	武装勢力による破壊行為
25	●アスキアの墓	マリ	2012年	武装勢力による破壊行為
26	●パナマのカリブ海沿岸のポルトベローサン・ロレンソの要塞群	パナマ	2012年	風化や劣化、維持管理の欠如など
27	○イースト・レンネル	ソロモン諸島	2013年	森林の伐採
28	●古代都市ダマスカス	シリア	2013年	国内紛争の激化
29	●古代都市ボスラ	シリア	2013年	国内紛争の激化

登録（解除）年	登　録　物　件	解　除　物　件
2006年	★ドレスデンのエルベ渓谷 ★コソヴォの中世の記念物群	○ジュジ国立鳥類保護区 ○イシュケウル国立公園 ●ティパサ ●ハンピの建造物群 ●ケルン大聖堂
2007年	☆ガラパゴス諸島 ☆ニオコロ・コバ国立公園 ★サーマッラの考古学都市	○エバーグレーズ国立公園 ○リオ･プラターノ生物圏保護区 ●アボメイの王宮 ●カトマンズ渓谷
2009年	☆ベリーズ珊瑚礁保護区 ☆ロス・カティオス国立公園 ★ムツヘータの歴史的建造物群 ~~ドレスデンのエルベ渓谷~~（登録抹消）	●シルヴァンシャーの宮殿と乙女の塔がある城塞都市バクー
2010年	☆アツィナナナの雨林群 ☆エバーグレーズ国立公園 ★バグラチ大聖堂とゲラチ修道院 ★カスビのブガンダ王族の墓	○ガラパゴス諸島
2011年	☆スマトラの熱帯雨林遺産 ☆リオ・プラターノ生物圏保護区	○マナス野生動物保護区
2012年	★トンブクトゥー ★アスキアの墓 ★イエスの生誕地：ベツレヘムの聖誕教会と巡礼の道 ★リヴァプール-海商都市 ★パナマのカリブ海沿岸のポルトベロ-サン・ロレンソの要塞群	●ラホールの城塞とシャリマール庭園 ●フィリピンのコルディリェラ山脈の棚田群
2013年	☆イースト・レンネル ★古代都市ダマスカス ★パルミラの遺跡 ★古代都市ボスラ ★古代都市アレッポ ★シュバリエ城とサラ・ディーン城塞 ★シリア北部の古村群	●バムとその文化的景観
2014年	☆セルース動物保護区 ★ポトシ市街 ★オリーブとワインの地パレスチナ－エルサレム南部のバティール村の文化的景観	●キルワ･キシワーニとソンゴ･ムナラの遺跡
2015年	★ハトラ★サナアの旧市街★シバーム城塞都市	○ロス・カティオス国立公園
2016年	★ジェンネの旧市街 ★キレーネの考古学遺跡 ★レプティス・マグナの考古学遺跡 ★サブラタの考古学遺跡 ★タドラート・アカクスの岩絵 ★ガダミースの旧市街 ★シャフリサーブスの歴史地区 ★ナン・マドール：東ミクロネシアの祭祀センター	●ムツヘータの歴史的建造物群
2017年	★ウィーンの歴史地区 ★ヘブロン/アル・ハリルの旧市街	○シミエン国立公園 ○コモエ国立公園 ●ゲラチ修道院
2018年	★ツルカナ湖の国立公園群	○ベリーズ珊瑚礁保護区
2019年	☆カリフォルニア湾の諸島と保護地域	●イエスの生誕地：ベツレヘムの聖誕教会と巡礼の道 ●ハンバーストーンとサンタ･ラウラの硝石工場群
2021年	☆ロシア・モンタナの鉱山景観	○サロンガ国立公園 ●リヴァプール-海商都市→2021年登録抹消
2023年（臨時）	☆トリポリのラシッド・カラミ国際見本市 ☆オデーサの歴史地区 ☆古代サバ王国のランドマーク、マーリブ	
2023年	☆キエフの聖ソフィア大聖堂と修道院群等 ☆リヴィフの歴史地区	●カスビのブガンダ王族の墓

☆危機遺産に登録された文化遺産
★危機遺産に登録された自然遺産
●危機遺産から解除された文化遺産
○危機遺産から解除された自然遺産

図表で見るユネスコ世界遺産

物　件　名	国　名	危機遺産登録年
1 エルサレム旧市街と城壁	ヨルダン推薦物件	1982年
2 チャン・チャン遺跡地域	ペルー	1986年
3 ニンバ山厳正自然保護区	ギニア／コートジボワール	1992年
4 アイルとテネレの自然保護区	ニジェール	1992年
5 ヴィルンガ国立公園	コンゴ民主共和国	1994年
6 ガランバ国立公園	コンゴ民主共和国	1996年
7 オカピ野生動物保護区	コンゴ民主共和国	1997年
8 カフジ・ビエガ国立公園	コンゴ民主共和国	1997年
9 マノボ・グンダ・サンフローリス国立公園	中央アフリカ	1997年
		1999年
10 ザビドの歴史都市	イエメン	2000年
11 アブ・ミナ	エジプト	2001年
12 ジャムのミナレットと考古学遺跡	アフガニスタン	2002年
13 バーミヤン盆地の文化的景観と考古学遺跡	アフガニスタン	2003年
14 アッシュル（カルア・シルカ）	イラク	2003年
15 コロとその港	ヴェネズエラ	2005年
16 コソヴォの中世の記念物群	セルビア	2006年
17 ニオコロ・コバ国立公園	セネガル	2007年
18 サーマッラの考古学都市	イラク	2007年
~~19 カスビのブガンダ王族の墓~~	ウガンダ	2010年／2023年削除
20 アツィナナナの雨林群	マダガスカル	2010年
21 エバーグレーズ国立公園	アメリカ合衆国	2010年
22 スマトラの熱帯雨林遺産	インドネシア	2011年
23 リオ・プラターノ生物圏保護区	ホンジュラス	2011年
24 トンブクトゥー	マリ	2012年
25 アスキアの墓	マリ	2012年
26 パナマのカリブ海沿岸のポルトベローサン・ロレンソの要塞群	パナマ	2012年
27 イースト・レンネル	ソロモン諸島	2013年

図表で見るユネスコ世界遺産

物件名	国名	危機遺産登録年
28 古代都市ダマスカス	シリア	2013年
29 古代都市ボスラ	シリア	2013年
30 パルミラの遺跡	シリア	2013年
31 古代都市アレッポ	シリア	2013年
32 シュバリエ城とサラ・ディーン城塞	シリア	2013年
33 シリア北部の古村群	シリア	2013年
34 セルース動物保護区	タンザニア	2014年
35 ポトシ市街	ボリヴィア	2014年
36 オリーブとワインの地パレスチナ-エルサレム南部のバティール村の文化的景観	パレスチナ	2014年
37 ハトラ	イラク	2015年
38 サナアの旧市街	イエメン	2015年
39 シバーム城塞都市	イエメン	2015年
40 ジェンネの旧市街	マリ	2016年
41 キレーネの考古学遺跡	リビア	2016年
42 レプティス・マグナの考古学遺跡	リビア	2016年
43 サブラタの考古学遺跡	リビア	2016年
44 タドラート・アカクスの岩絵	リビア	2016年
45 ガダミースの旧市街	リビア	2016年
46 シャフリサーブスの歴史地区	ウズベキスタン	2016年
47 ナン・マドール：東ミクロネシアの祭祀センター	ミクロネシア	2016年
48 ウィーンの歴史地区	オーストリア	2017年
49 ヘブロン/アル・ハリルの旧市街	パレスチナ	2017年
50 ツルカナ湖の国立公園群	ケニア	2018年
51 カリフォルニア湾の諸島と保護地域	メキシコ	2019年
52 ロシア・モンタナの鉱山景観	ルーマニア	2021年
53 トリポリのラシッド・カラミ国際見本市	レバノン	2023年
54 オデーサの歴史地区	ウクライナ	2023年
55 古代サバ王国のランドマーク、マーリブ	イエメン	2023年
56 キエフの聖ソフィア大聖堂と修道院群等	ウクライナ	2023年
57 リヴィフの歴史地区	ウクライナ	2023年

危機遺産の登録、解除、抹消の推移表

登録（解除）年	登　録　物　件	解　除　物　件
1979年	★コトルの自然・文化−歴史地域	
1982年	★エルサレム旧市街と城壁	
1984年	☆ンゴロンゴロ保全地域 ☆ジュジ国立鳥類保護区 ☆ガランバ国立公園	
1985年	★アボメイの王宮	
1986年	★チャン・チャン遺跡地域	
1988年	★バフラ城塞	○ジュジ国立鳥類保護区
1989年	★ヴィエリチカ塩坑	○ンゴロンゴロ保全地域
1990年	★トンブクトゥー	
1991年	☆プリトヴィチェ湖群国立公園 ★ドブロブニクの旧市街	
1992年	☆ニンバ山厳正自然保護区 ☆アイルとテネレの自然保護区 ☆マナス野生動物保護区 ☆サンガイ国立公園 ☆スレバルナ自然保護区 ★アンコール	○ガランバ国立公園
1993年	☆エバーグレーズ国立公園	
1994年	☆ヴィルンガ国立公園	
1995年	☆イエロー・ストーン	
1996年	☆リオ・プラターノ生物圏保護区 ☆イシュケウル国立公園 ☆ガランバ国立公園 ☆シミエン国立公園	
1997年	☆オカピ野生動物保護区 ☆カフジ・ビエガ国立公園 ☆マノボ・グンダ・サンフローリス国立公園 ★ブトリント	○プリトヴィチェ湖群国立公園
1998年		●ドブロブニクの旧市街 ●ヴィエリチカ塩坑
1999年	☆ルウェンゾリ山地国立公園 ☆サロンガ国立公園 ☆イグアス国立公園 ★ハンピの建造物群	
2000年	☆ジュジ国立鳥類保護区 ★ザビドの歴史都市 ★ラホールの城塞とシャリマール庭園	
2001年	★フィリピンのコルディリェラ山脈の棚田 ★アブ・ミナ	○イグアス国立公園
2002年	★ジャムのミナレットと考古学遺跡 ★ティパサ	
2003年	☆コモエ国立公園 ★バーミヤン盆地の文化的景観と考古学遺跡 ★アッシュル（カルア・シルカ） ★シルヴァンシャーの宮殿と乙女の塔がある城塞都市バクー ★カトマンズ渓谷	○スレバルナ自然保護区 ○イエロー・ストーン ●コトルの自然・文化−歴史地域
2004年	★バムの文化的景観 ★ケルン大聖堂 ★キルワ·キシワーニとソンゴ·ムナラの遺跡	○ルウェンゾリ山地国立公園 ●アンコール ●バフラ城塞
2005年	★ハンバーストーンとサンタ・ラウラの硝石工場 ★コロとその港	○サンガイ国立公園 ●トンブクトゥー ●ブトリント

登録（解除）年	登録物件	解除物件
2006年	★ドレスデンのエルベ渓谷 ★コソヴォの中世の記念物群	○ジュジ国立鳥類保護区 ○イシュケウル国立公園 ●ティパサ ●ハンピの建造物群 ●ケルン大聖堂
2007年	☆ガラパゴス諸島 ☆ニオコロ・コバ国立公園 ★サーマッラの考古学都市	○エバーグレーズ国立公園 ○リオ・プラターノ 生物圏保護区 ●アボメイの王宮 ●カトマンズ渓谷
2009年	☆ベリーズ珊瑚礁保護区 ☆ロス・カティオス国立公園 ★ムツヘータの歴史的建造物群 ~~ドレスデンのエルベ渓谷~~（登録抹消）	●シルヴァンシャーの宮殿と乙女の塔がある城塞都市バクー
2010年	☆アツィナナナの雨林群 ☆エバーグレーズ国立公園 ★バグラチ大聖堂とゲラチ修道院 ★カスビのブガンダ王族の墓	○ガラパゴス諸島
2011年	☆スマトラの熱帯雨林遺産 ☆リオ・プラターノ 生物圏保護区	○マナス野生動物保護区
2012年	★トンブクトゥー ★アスキアの墓 ★イエスの生誕地：ベツレヘムの聖誕教会と巡礼の道 ★リヴァプール-海商都市 ★パナマのカリブ海沿岸のポルトベロ-サン・ロレンソの要塞群	●ラホールの城塞とシャリマール庭園 ●フィリピンのコルディリェラ山脈の棚田群
2013年	☆イースト・レンネル ★古代都市ダマスカス ★パルミラの遺跡 ★古代都市ボスラ ★古代都市アレッポ ★シュバリエ城とサラ・ディーン城塞 ★シリア北部の古村群	●バムとその文化的景観
2014年	☆セルース動物保護区 ★ポトシ市街 ★オリーブとワインの地パレスチナ ー エルサレム南部のバティール村の文化的景観	●キルワ・キシワーニとソンゴ・ムナラの遺跡
2015年	★ハトラ★サナアの旧市街★シバーム城塞都市	○ロス・カティオス国立公園
2016年	★ジェンネの旧市街 ★キレーネの考古学遺跡 ★レプティス・マグナの考古学遺跡 ★サブラタの考古学遺跡 ★タドラート・アカクスの岩絵 ★ガダミースの旧市街 ★シャフリサーブスの歴史地区 ★ナン・マドール：東ミクロネシアの祭祀センター	●ムツヘータの歴史的建造物群
2017年	★ウィーンの歴史地区 ★ヘブロン/アル・ハリルの旧市街	○シミエン国立公園 ○コモエ国立公園 ●ゲラチ修道院
2018年	★ツルカナ湖の国立公園群	○ベリーズ珊瑚礁保護区
2019年	☆カリフォルニア湾の諸島と保護地域	●イエスの生誕地：ベツレヘムの聖誕教会と巡礼の道 ●ハンバーストーンとサンタ・ラウラの硝石工場群
2021年	☆ロシア・モンタナの鉱山景観	○サロンガ国立公園 ● リヴァプール-海商都市 →2021年登録抹消
2023年（臨時）	☆トリポリのラシッド・カラミ国際見本市 ☆オデーサの歴史地区 ☆古代サバ王国のランドマーク、マーリブ	
2023年	☆キエフの聖ソフィア大聖堂と修道院群等 ☆リヴィフの歴史地区	●カスビのブガンダ王族の墓

☆危機遺産に登録された文化遺産
★危機遺産に登録された自然遺産
●危機遺産から解除された文化遺産
○危機遺産から解除された自然遺産

図表で見るユネスコ世界遺産

第45回世界遺産委員会リヤド（サウジアラビア）拡大会議　新登録物件等＜仮訳＞

〈新登録物件〉（36か国　42物件　自然 9　複合 0　文化 33）
（アフリカ　5　アラブ諸国　3　アジア・太平洋　12
ヨーロパ・北アメリカ　19　ラテンアメリカ　3）

＜自然遺産＞　9件

エチオピア
バレ山国立公園（Bale Mountains National Park）　（登録基準(vii)(x)）
コンゴ
オザラ・コクア森林山塊（Forest Massif of Odzala-Kokoua）　（登録基準(ix)(x)）
ルワンダ
ニュングェ国立公園（Nyungwe National Park）　（登録基準(x)）

サウジアラビア
ウルク・バニ・マアリッド（‘Uruq Bani Ma’arid）　（登録基準(vii)(ix)）

カザフスタン、トルクメニスタン、ウズベキスタン
寒冬のトゥラン砂漠群（Cold Winter Deserts of Turan）　（登録基準(ix)(x)）
タジキスタン
ティグロヴァヤ・バルカ自然保護区のトゥガイ森林群（Tugay forests of the Tigrovaya Balka Nature Reserve）
（登録基準(ix)）

イタリア
アペニン山脈北部の蒸発岩のカルスト・洞窟群（Evaporitic Karst and Caves of Northern Apennines）
（登録基準(viii)）
フランス
プレー山およびマルティニーク北部の尖峰群の火山・森林群
（Volcanoes and Forests of Mount Pelée and the Pitons of Northern Martinique）
（登録基準(viii)(x)）
カナダ
アンティコスティ（Anticosti）　（登録基準(viii)）

＜文化遺産＞　33件

エチオピア
ゲデオの文化的景観（The Gedeo Cultural Landscape）　（登録基準(iii)(v)）
ルワンダ
虐殺の記憶の地：ニャマタ、ムランビ、ビセセロ、ギソッチ
（Memorial sites of the Genocide: Nyamata, Murambi, Gisozi and Bisesero）
（登録基準(vi)）

チュニジア
ジェルバ：島嶼域での入植様式を伝える文化的景観
（Djerba: Testimony to a settlement pattern in an island territory）
（登録基準(v)）
パレスチナ
古代エリコ／テル・エッ・スルタン（Ancient Jericho/Tell es-Sultan）
（登録基準(iii)(iv)）

新登録物件及び登録範囲の拡大物件等

イラン
ペルシアのキャラバンサライ（The Persian Caravanserai）
（登録基準(ii)(iii)）
タジキスタン、トルクメニスタン、ウズベキスタン
シルクロード ： ザラフシャン・カラクム回廊（Silk Roads: Zarafshan-Karakum Corridor）
（登録基準(ii)(iii)(v)）
インド
サンティニケタン（Santiniketan）
（登録基準(iv)(vi)）
インド
ホイサラ朝の宗教建築物群（Sacred Ensembles of the Hoysalas） （登録基準(i)(ii)(iv)）
タイ
古代都市シーテープ
（The Ancient Town of Si Thep and its Associated Dvaravati Monuments）
（登録基準(ii)(iii)）
インドネシア
ジョグジャカルタの宇宙論的軸線とその歴史的建造物群
（The Cosmological Axis of Yogyakarta and its Historic Landmarks）
（登録基準(ii)(iii)）
カンボジア
コー・ケー ： 古代リンガプラ（チョック・ガルギャー）の考古遺跡
（Koh Ker: Archaeological Site of Ancient Lingapura or Chok Gargyar）
（登録基準(ii)(iv)）
モンゴル
および青銅器時代の関連遺跡群（Deer Stone Monuments and Related Bronze Age Sites
（登録基準(i)(iii)）
中国
普洱の景邁山古茶林の文化的景観
（Cultural Landscape of Old Tea Forests of the Jingmai Mountain in Pu' er）
（登録基準(iii)(v)）
韓国
伽耶古墳群（Gaya Tumuli）
（登録基準(iii)）

トルコ
木柱と木製上部構造を備えたアナトリアの中世モスク群 （登録基準(iii)）
フランス
ニームのメゾン・カレ（The Maison Carrée of Nîmes） （登録基準(iv)）
トルコ
木柱と木製上部構造を備えたアナトリアの中世モスク群
（Wooden Hypostyle Mosques of Medieval Anatolia） （登録基準(ii)(iv)）
ギリシャ
ザゴリの文化的景観（Zagori Cultural Landscape） （登録基準(v)）
スペイン
タラヨ期メノルカ － キュクロプス式建造物の島のオデッセイ
（Prehistoric Sites of Talayotic Menorca） （登録基準(iii)(iv)）
ドイツ
エアフルトの中世ユダヤ人関連遺産（Jewish-Medieval Heritage of Erfurt）
（登録基準(iv)）
デンマーク
ヴァイキング時代の円形要塞群（Viking-Age Ring Fortresses） （登録基準(iii)(iv)）

オランダ
王立エイセ・エイシンガ・プラネタリウム（Eisinga Planetarium in Franeker）
（登録基準(iv)）
ベルギー、フランス
第一次世界大戦（西部戦線）の追悼と記憶の場所
（Funerary and memory sites of the First World War (Western Front)
（登録基準(iii)(iv)(vi)）
チェコ
ジャテツとザーツホップの景観（Žatec and the Landscape of Saaz Hops）
（登録基準(iii)(iv)(v)）
リトアニア
モダニズム建築都市カウナス：楽天主義の建築、1919年-1939年
（Modernist Kaunas: Architecture of Optimism, 1919-1939） （登録基準(iv)）
ラトヴィア
クールラントのクルディーガ/ゴールディンゲン（Old town of Kuldīga）
（登録基準(v)）
アゼルバイジャン
キナルグ人の文化的景観と移牧の道
（Cultural Landscape of Khinalig People and “Köç Yolu” Transhumance Route）
（登録基準(iii)(v)）
ロシア連邦
カザン連邦大学天文台（Astronomical Observatories of Kazan Federal University）
（登録基準(ii)(iv)）
カナダ
トロンデック・クロンダイク（Tr’ondëk-Klondike） （登録基準(iv)）
アメリカ合衆国
ホープウェルの儀礼的土構造物群（Hopewell Ceremonial Earthworks）
（登録基準(i)(iii)）

スリナム
ヨーデンサヴァネの考古遺跡：ヨーデンサヴァネの入植地とカシポラクレークの共同墓地
（Jodensavanne Archaeological Site: Jodensavanne Settlement and Cassipora Creek Cemetery）
（登録基準(iii)）
グアテマラ
タカリク・アバフ国立考古公園（National Archaeological Park Tak’alik Ab’aj）
（登録基準(ii)(iii)）
アルゼンチン
ESMA「記憶の場所」博物館 - かつての拘禁、拷問、絶滅の秘密センター
（ESMA Museum and Site of Memory - Former Clandestine Center of Detention, Torture and Extermination）
（登録基準(vi)）

〈登録範囲の拡大〉（7か国 5物件 自然 3 文化 2）

マダガスカル
アンドレファナの乾燥林（Andrefana Dry Forests）
自然遺産（登録基準(vii)(ix)(x)）
ベニン、トーゴ
バタマリバ人の土地クタマク（Koutammakou, the Land of the Batammariba）
文化遺産（登録基準(v)(vi)）

アゼルバイジャン、イラン
ヒルカニアの森林群*（Hyrcanian Forests）
自然遺産（登録基準(ix)）

ヴェトナム
　ハロン湾・カットバー群島（Ha Long Bay - Cat Ba Archipelago）
　　自然遺産（登録基準(vii)(viii)）

ポルトガル
　ギマランイスの歴史地区とコウルス地区（Historic Centre of Guimarães and Couros Zone）
　　文化遺産（登録基準(ii)(iii)(iv)）

〈危機遺産リストからの解除〉（1か国　1物件　文化 1）

ウガンダ
　カスビのブガンダ王族の墓（Tombs of Buganda Kings at Kasubi）
　　文化遺産（登録基準（i）（iii）（iv）（vi））　2001年
　　★【危機遺産登録】2010年　★【危機遺産解除】2023年
　　理由：火災で焼失したことが原因で危機遺産となったが、伝統的な技術と適正な文化材を用いた再建が評価され、解除となった。

〈危機遺産リストへの登録〉（1か国　2物件　文化 2）

ウクライナ
　キーウの聖ソフィア大聖堂と修道院群、キエフ・ペチェルスカヤ大修道院
　（Kyiv:Saint-Sophia Cathedral and Related Monastic Buildings, Kiev-Pechersk Lavra）
　　文化遺産（登録基準（i）（ii）（iii）（iv））　1990年
　　★【危機遺産登録】2023年
　　理由：ロシアの軍事侵攻で破壊される脅威に直面。

ウクライナ
　リヴィフの歴史地区（L'viv-the Ensemble of the Historic Centre）
　　文化遺産（登録基準（ii）（v））　1998年／2008年
　　★【危機遺産登録】2023年
　　理由：ロシアの軍事侵攻で破壊される脅威に直面。

〈登録遺産名の変更〉（3か国　3物件　自然2　●　文化1）

マダガスカル
　アンドレファナ乾燥林群（Andrefana Dry Forests）
　　←　ツィンギー・ド・ベマラハ厳正自然保護区
　　（Tsingy de Bemaraha Strict Nature Reserve）

ヴェトナム
　ハ・ロン湾とカット・バ諸島（Ha Long Bay - Cat Ba Archipelago）
　　←　ハ・ロン湾（Ha Long Bay）

ポルトガル
　ギマランイスの歴史地区とコウルス地区
　（Historic Centre of Guimarães and Couros Zone ）
　　←　ギマランイスの歴史地区（Historic Centre of Guimarães）

キーワード

●アッラーフ（アッラー）　イスラム教における唯一神の名。
●アバヤ　襟元から足首までを覆う女性の上着
●アラブ石油輸出国機構（OAPEC）　1968年1月9日にクウェート、サウジアラビア、リビアの3か国によってアラブ産油国の利益を守るために設立された機構。アラブ首長国連邦、アルジェリア、イラク、エジプト、カタール、クウェート、サウジアラビア、シリア、バーレーン、リビア、チュニジアの11か国で構成されている。本部はクウェート。
●イスラーム　唯一絶対の 神 （ アッラー ）を信仰し、神が 最後の預言者を通じて人々に下した（啓示した）とされる クルアーン の教えを信じ、従う 一神教。
●イスラム教の教えに基づく五行　信仰告白、礼拝、断食、喜捨、巡礼
●ウムラ　小巡礼
●オアシス　砂漠・ステップなど乾燥地域における緑地。
●カーバ　メッカ （マッカ）にある マスジド・ハラーム の中央に位置する建造物で、イスラーム における最高の聖地とみなされている聖殿。
●G20　G7に参加する7か国（フランス、アメリカ、イギリス、ドイツ、日本、イタリア、カナダ）EUおよび新興国12か国（アルゼンチン、オーストラリア、ブラジル、中国、インド、インドネシア、メキシコ、韓国、ロシア、サウジアラビア、南アフリカ、トルコ）の計20の国々と地域から成る国際会議。
●シャリーア　イスラム教の経典コーランと預言者ムハンマドの言行を法源とする法律。
●スンニ派ワッハーブ派　18世紀にアラビア半島内陸のナジュドに起こったイスラム教の改革運動による宗派。
●石油輸出国機構(OPEC)　イラン、イラク、クウェート、サウジアラビア、ベネズエラ、リビア、アラブ首長国連邦（UAE）、アルジェリア、ナイジェリア、ガボン、アンゴラ、赤道ギニア、コンゴ共和国の13か国。
●断食　イスラム暦第9月ラマダン月の約１ヶ月は日の出前から日没まで一切の飲食(喫煙を含む)を絶つもの。
●ハッジ　大巡礼
●マディーナ（メディナ）　メッカとともに，イスラムの〈二聖都〉と称される。アラビア語でマディーナといい，預言者の町の略。
●ムハンマド　イスラームの開祖。英語読みではマホメット。
●ムスリム　イスラム教徒。アッラーの教えに帰依する者。イスラム教の信仰告白をする者。
●メッカ（マッカ）　サウジアラビア西部、ヒジャーズ地方の主要都市で、イスラム教第一の聖地。アラビア語で正しくはマッカという。
●モスク　イスラム教の礼拝堂のこと。アラビア語ではマスジドもしくはジャーミイと言い、モスクはマスジドが訛った語である。
●ベドウィン　アラビア語のバーディヤからくる、砂漠の住人を指す一般名詞で、普通アラブの遊牧民族に対して使う。
●ラマダン　「暑い月」の意味で、ヒジュラ暦での第9月を指す。この月の日の出から日没までの間、ムスリムの義務の一つ「断食」として飲食を絶つことが行われる。

サウジアラビアの概況

首都リヤドのアル・ファイサリア・タワー

サウジアラビアの概況

国連加盟	1945年
ユネスコ加盟	1946年
世界遺産条約締約	1978年

サウジアラビア

Saudi Arabia

正式名称　サウジアラビア王国（Kingdom of Saudi Arabia）
国名の意味　「サウード家によるアラビアの王国」を意味する。
国旗　緑字に白文字で剣とシャハーダ（信仰告白。「アッラーの他に神はなし。ムハンマドはアッラーの使徒」の意味）が書かれている。
国歌　Aash Al Maleek
国花　バラ

面積　215万平方km（日本の約5.7倍）
人口　3,534万人（2021年、世銀）
首都　リヤド
民族　アラブ人
言語　アラビア語（公用語）、英語
　道路標識　アラビア語と英語の2カ国語で表示されている。
気候　＜リヤド等内陸部＞　典型的な大陸性砂漠気候で、夏7～8月は45℃前後、冬12～2 月は平均気温約10～15℃前後で、夜はコートが必要になる。
　＜ジェッダ等紅海沿岸部＞　年間を通して高温多湿で、最高気温の平均はほぼ30℃を超え、月平均が最も高い7月には40℃にも達する。
宗教　イスラム教
地理　アラビア半島の大部分を占め、紅海、ペルシア湾に面する。中東地域においては面積が最大級で、北はクウェート、イラク、ヨルダン、南はイエメン、オマーン、アラブ首長国連邦、カタールと国境を接する。
国祭日（2023年）
　2月22日（水）　第1次サウード王国建国記念日
　4月22日（土）～4月27日（木）　ラマダン明け休暇
　6月25日（日）～6月29日（木）　犠牲祭
　9月23日（土）　建国記念日
政体　君主制
元首　サルマン・ビン・アブドルアジーズ・アール・サウード国王
　(2015年1月即位。第7代国王。敬称：二聖モスクの守護者)
　(Custodian of the Two Holy Mosques, His Majesty King Salman bin Abdulaziz AL-Saud)
議会　諮問評議会
政府
（1）首相名　ムハンマド・ビン・サルマン・ビン・アブドルアジーズ・アール・サウード皇太子殿下
（2）外相名　ファイサル・ビン・ファルハーン・アール・サウード殿下

サウジビジョン2030
サウジアラビアのオイルへの依存度を減らし、多様化するための戦略的フレームワーク。
経済、健康、教育、インフラストラクチャ、レクリエーション、観光などの公共サービス部門を開発する。主要な戦略的目標としては、経済活動と投資活動の強化、非石油産業貿易の拡大、王国の穏和と世俗的なイメージの促進。 また、軍事、製造装置、弾薬への政府支出の増加。

外交基本方針
○二大聖地を擁するイスラム世界の中心的存在として、湾岸協力理事会（GCC）、アラブ連盟等において主導的役割を果たしている。
○アラブ諸国で唯一のG20メンバー国。西側諸国との関係では、伝統的に穏健かつ協調的な外交を展開。
○2015年3月から不安定化したイエメンにおいて軍事作戦を主導。2016年1月、イランが周辺諸国への介入を続けていると非難し、イランと断交。
○2017年6月、カタールによるテロ組織支援等を非難し、カタールと断交。2020年1月、関係回復に合意。

G20 G7に参加する7か国（フランス、アメリカ、イギリス、ドイツ、日本、イタリア、カナダ）EUおよび新興国12か国（アルゼンチン、オーストラリア、ブラジル、中国、インド、インドネシア、メキシコ、韓国、ロシア、サウジアラビア、南アフリカ、トルコ）の計20の国々と地域から成る国際会議。

軍事力

（2020年　ミリタリーバランス）

(1) 予算　485億ドル（2020年）
(2) 兵役　志願制
(3) 兵力　陸軍：75,000人　海軍：13,500人　空軍：20,000人　防空軍：16,000人
戦略ミサイル軍：2,500人　国家警備隊：100,000人
准軍事組織：24,500人（国境警備隊15,000人、治安部隊（内務省）9,000人以上、特殊治安部隊500人等）

州　バーハ州（州都バーハ）、北部国境州（アラル）、ジャウフ州（サカーカ）、マディーナ州（マディーナ）、カスィーム州（ブライダ）、リヤード州（リヤド）、東部州（ダンマーム）、アスィール州（アブハー）、ハーイル州（ハーイル）、ジーザーン州（ジーザーン）、マッカ州（メッカ）、ナジュラーン州（ナジュラーン）、タブーク州（タブーク）

主要都市　リヤド（リヤード）、ジッダ（ジェッダ）、メッカ（マッカ）、マディーナ（メディナ）、フフーフ（アル・フフーフ）、ターイフ、ダンマーム（ダンマン）、ブライダ、アル＝フバル、タブーク、カティーフ、ハミース・ムシャイト、ハーイル、アル＝ジュバイル、アブハー、ナジュラーン、ヤンブー（ヤンブウ）、バーハ（アル・バハ）、ジーザーン（ジャーザーン）

主要産業　石油（原油生産量1,103.9万B/D（2020年、BP統計））、LPG、石油化学

特産品　デーツ、ウードの香水、香油、木片、絨毯、香辛料

GDP　約7,015億ドル（2020年、IMF）

一人当たりGDP　23,507ドル（2021年、IMF）

GDP成長率（実質）　3.2％（2021年、IMF）

物価上昇率　3.1％（2021年、IMF）

総貿易額

(1) サウジアラビアからの輸出　2,754 億ドル（2021年、サウジアラビア統計局から算出）
(2) サウジアラビアへの輸入　1,524億ドル（2021年、サウジアラビア統計局から算出）

主要貿易品目

(1) サウジアラビアからの輸出　鉱物性燃料（原油等）、化学製品、原料別製品（非鉄金属等）
(2) サウジアラビアへの輸入　輸送用機器（自動車等）、原料別製品（鉄鋼等）、一般機械（原動機等）

主要貿易相手国

(1) サウジアラビアからの輸出　中国、インド、日本、韓国、UAE
(2) サウジアラビアへの輸入　中国、UAE、米国、ドイツ、インド

通貨　サウジアラビア・リヤル（SR）　1リヤル＝100ハララ

紙幣　5リヤル、10リヤル、50リヤル、100リヤル、500リヤル

硬貨　1リヤル、2リヤル、50ハララ、25ハララ、10ハララ、5ハララ、1ハララ

為替レート　1＄＝3.76SR（固定レート）

両替　現地通貨への両替は、空港・国境の銀行・ホテルで可能。もしくは米ドルの現金。

経済の概要

(1) サウジアラビアは世界最大級の石油埋蔵量、生産量及び輸出量を誇るエネルギー大国。輸出総額の約9割、財政収入の約8割を石油に依存。OPEC（石油輸出国機構）の指導国として国際原油市場に強い影響力を有する。

(2) 若年層への雇用機会の増大、石油依存からの脱却が最重要課題。サウジ人労働力の積極的利用（サウダイゼーション）や石油部門以外の部門の発展に力を注いでいる。また、人材育成、民営化、外資導入、市場開放等諸改革に努めている。2016年4月、石油依存からの脱却と産業多角化を目指す「サウジ・ビジョン2030」が発表され、観光振興や女性の労働参画推進等を含む包括的な社会経済改革の方針が示された。

経済協力
日本の援助実績（2009年度まで）
（1）有償資金協力　なし　（2）無償資金協力　3.83億円　（3）技術協力　207.15億円
日本との関係
1955年6月、外交関係樹立。1958年にサウジアラビアは在京大使館を開設。1960年、日本はジッダに大使館を開設（1984年、大使館はリヤドに移転し、ジッダには総領事館を開設）。
両国は一貫して良好な関係。皇室とサウジ王室との関係は特に良好であり、1994年11月に皇太
日本との時差　日本より6時間遅れ（夏時間はない）
経済関係
日本の対相手国貿易（2021年、財務省貿易統計）
（1）**対日輸出**：約3兆193億円
（主要対日輸出品目は、石油及び同製品。サウジアラビアは、日本にとって最大の原油供給国。日本は輸入原油の約4割をサウジアラビアから調達）
（2）**対日輸入**：約4,889億円
（主要対日輸入品目は、機械類及び輸送用機器。）
空港　キング・ハーリド国際空港（リヤド）、キング・アブドゥルアズィーズ国際空港（ジッダ）、キング・ファハド国際空港（ダンマーム）、アル・ハサ空港（フフーフ/アル・ハサ）、プリンス・モハンマド・ビン・アブドゥルアズィーズ国際空港（マディーナ）、ヤンブー空港（ヤンブー）
航空会社　サウディア
世界遺産委員会委員歴　2019年～2023年
ユネスコ・第45回世界遺産委員会開催国　2023年9月10日～25日　於：
世界遺産　❶ヘグラの考古遺跡（アル・ヒジュル/マダイン・サーレハ）
❷ディライーヤのツライフ地区　❸歴史都市ジェッダ、メッカへの門
❹サウジアラビアのハーイル地方の岩絵
❺アハサー・オアシス、進化する文化的景観　❻ヒマーの文化地域
❼ウルク・バニ・マアリッド
世界無形文化遺産　❶鷹狩り、生きた人間の遺産　❷アラビア・コーヒー、寛容のシンボル
❸マジリス、文化的・社会的な空間
❹アラルダ・アルナジャー、サウジアラビアの舞踊、太鼓、詩歌
❺アル・メスマー、ドラムと棒のダンス
❻アル･カト アル･アスィーリ、サウジアラビアのアスィール地方の女性の伝統的な内壁装飾
❼ナツメヤシの知識、技術、伝統及び慣習　❽伝統的な織物、アル・サドゥ
❾アラビア書道：知識、技術及び慣習　❿アルヘダー、ラクダの群れを呼ぶ口承
⓫ハウラニ・コーヒー豆の栽培に関する知識と慣習
世界の記憶　🅘イスラム初期（クーフィー）の碑文　🅙石に刻まれたアラビアの年代記：イクマ山
教育制度　6・3・3・4 制で実施され、小・中学校（6・3 年）が義務教育。
大学　キング・アブドゥルアズィーズ大学（ジッダ）、キングサウード大学(リヤド)、ファハド国王石油鉱物大学（ダーラン）、イマーム・アブドゥルラフマン・ビン・ファイサル大学（ダンマン）、ウムアルクラ大学（メッカ）
文化関係
（1）1993年にキング・サウード大学言語翻訳研究所内に日本語学科が創設。国際交流基金が日本語教育の専門家を派遣。
（2）1999年から2012年まで毎年「日・サウジアラビア青年交流計画」により両国の青年団が相互訪問。
（3）2007年4月からアブドッラー国王奨学制度にもとづくサウジアラビア人留学生の対日派遣が開始。
（4）2011年4月、第26回「サウジアラビア伝統と文化の国民祭典」（ジャナドリヤ祭）に官民共同で日本館を出展。
（5）日・サウジアラビア外交関係樹立60周年にあたる2015年には、両国で各種記念事業が実施された。
（6）2017年4月、「日・サウジ・ビジョン2030」の枠組みの下、文化・娯楽の振興を目的として、さわかみオペラ芸術振興財団の取組を在サウジ大使館が全面的に支援し、日本人オーケストラによるリヤド公演を実施。
（7）2018年1月～5月、東京の東京国立博物館にて「アラビアの道」展が開催された。
在留邦人数　632人（2021年12月）
サウジアラビアへの入国について
①ワクチン接種証明：不要
②日本出発時の陰性証明書：不要
③渡航国が定めるアプリのインストールおよび入力：不要
④査証　E-ビザの取得が必要となる。18歳以上の方のみ申請可能。申請する際、パスポートの有効期間はサウジアラビアへの入国時点で6ヶ月以上残っている必要がある。料金は変動する場合がある。
⑤保険加入　新型コロナの治療をカバーする医療保険を有することが求められる。

持ち込み禁止物　アルコール類、豚肉製品及び醤油、カップラーメン類など。
イスラームの2つの聖地　メッカ、メディナ
観光地　キングダムタワー（リヤド）、アル・ファイサリアタワー（リヤド）、マスマク城（リヤド）、サウジアラビア国立博物館（リヤド）、ディライヤ遺跡（リヤド）、ジェッダの旧市街（ジェッダ）、キングファハドの噴水（ジェッダ）、フローティングモスク（ジェッダ）、グランド・モスク（メッカ）、カアバ（メッカ）、アブラージュ・アル・ベイト・タワーズ（メッカ）、黒石（メッカ）、預言者のモスク（マディーナ）、マスジド・アル・キブラタイン（マディーナ）、マダイン・サーレハ（アル・ウラー）、クバー・モスク（マディーナ）
飲み物　ミネラルウォーターはホテルやレストランで買うことができる。
チップ　サービス内容により10～15%。枕TIP／1USドル程度。
電圧　220Vと127Vが混在しているところがあるので、マルチのプラグが便利。
プラグ　プラグはA・B・BF・Cタイプが多い。
写真撮影の制限　王宮等関連施設、政府・軍関連施設の撮影は禁止されている。
また、女性は写真を撮られることを好まない。
ユネスコ・サウジアラビア政府代表部
Maison de l'UNESCO Bureau Miollis 6.26 1, rue Miollis Paris Cedex 15 75732 France
サウジアラビアユネスコ国内委員会
Ministry of Culture Riyadh 11148 Saudi Arabia
在サウジアラビア日本国大使館
A-11 Diplomatic Quarter, Riyadh, Saudi Arabia
電話（代表）+966(0)11-488-1100
在ジッダ日本国総領事館
Al Islam St.32, Al Hamra District, Jeddah, Saudi Arabia
代表電話：+966-(0)12-667-0676
在日サウジアラビア王国大使館
〒106-0032　東京都港区六本木1丁目8-4　電話03-3589-5241、03-3589-5242
サウディアラビア政府観光局（STA）　https://www.visitsaudi.com/ja
サウジアラビア政府観光局日本支局
〒107-0051　東京都港区元赤坂1丁目-2-7　赤坂Kタワー4階　電話03-6890-3062
日本サウディアラビア協会
〒103-0016　東京都中央区日本橋小網町1-8　茅場町髙木ビル　電話03-6837-9040

備　考
○ヤマハは、サウジアラビアに、同国初の公認音楽教育施設としてヤマハ音楽教室リヤド校を2021年11月に開校。
○大阪市の繊維製造・輸出企業の株式会社エム・エム・コーポレーションは、日本で製造した生地を日本国内で加工・縫製して、サウジアラビア人男性が着用する白い伝統的民族衣装「トーブ」を生産し、既製品としてサウジアラビアへの輸出を開始、2019年3月に、そのメード・イン・ジャパンのトーブを販売する店舗「Fursato」を、首都リヤド中心部を貫く目抜き通り（通称：タハリヤ通り）にオープンさせた。
○首都リヤド市内中央部のオラヤ（Olaya）地区で、2023年2月28日、日本食レストラン「Nozomi」が再オープンした。同レストランは、英国ロンドン市内に本店がある同名レストランのフランチャイズ店として、同じオラヤ地区にかつて出店していた。今回の出店では、フランチャイジー企業が替わり、目抜き通りのキング・ファハド通り沿いの好立地で再オープンを果たした。

参考文献
○サウジアラビア―「イスラーム世界の盟主」の正体
高尾 賢一郎　著　中央公論新社　2021年11月18日
○地球の歩き方 ドバイとアラビア半島の国々 2020～2021
地球の歩き方編集室　2020年2月
○サウジアラビア、オアシスに生きる女性たちの50年：みられる私よりみる私
縄田浩志　編集　河出書房新社　2019年6月12日

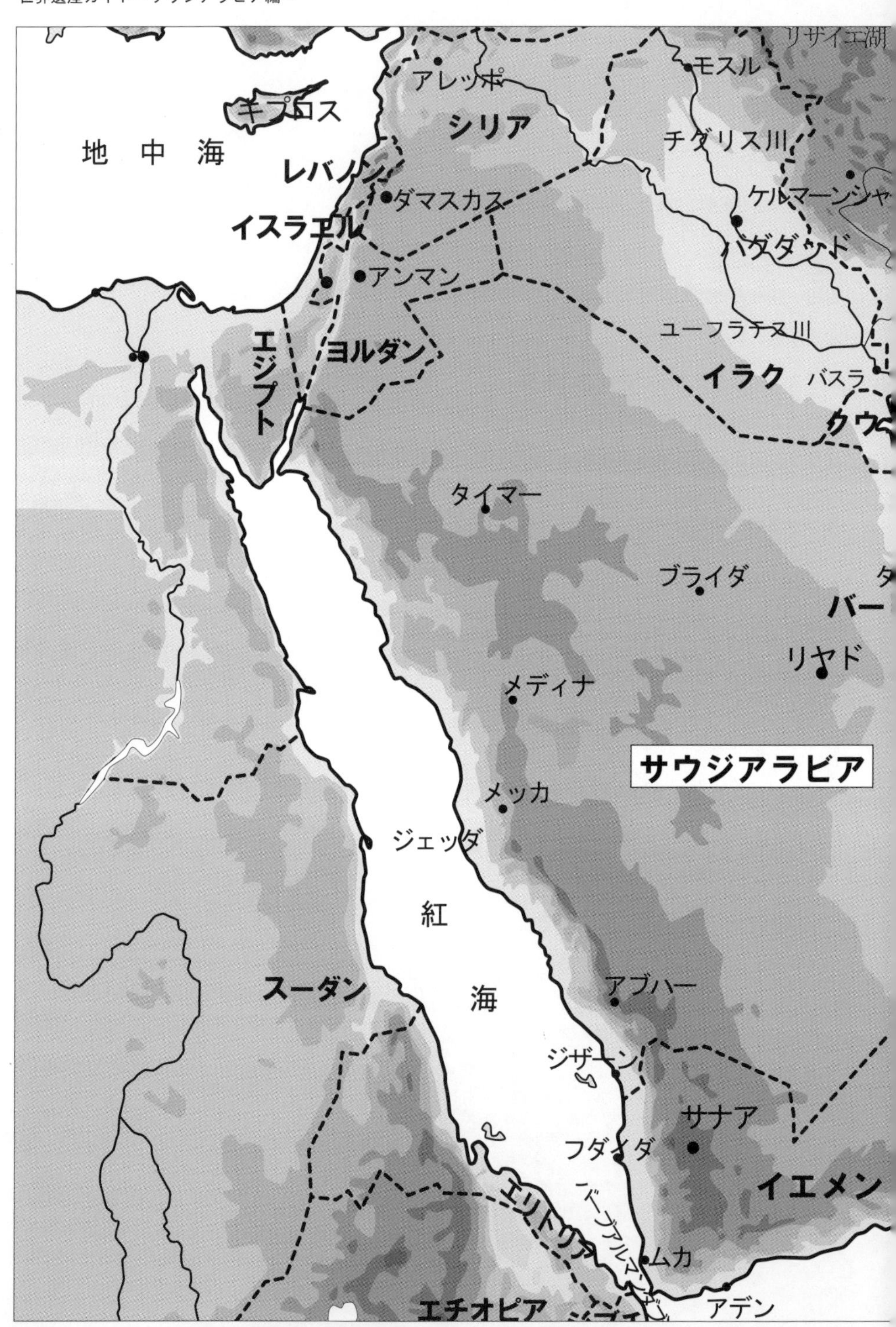

キプロス
地中海
レバノン
イスラエル
シリア
アレッポ
ダマスカス
アンマン
ヨルダン
エジプト
モスル
チグリス川
ケルマーンシャ
バグダッド
ユーフラテス川
イラク
バスラ
クウ
タイマー
ブライダ
バー
リヤド
メディナ
サウジアラビア
メッカ
ジェッダ
紅
海
スーダン
アブハー
ジザーン
サナア
フダイダ
イエメン
エリトリア
ムカ
アデン
エチオピア

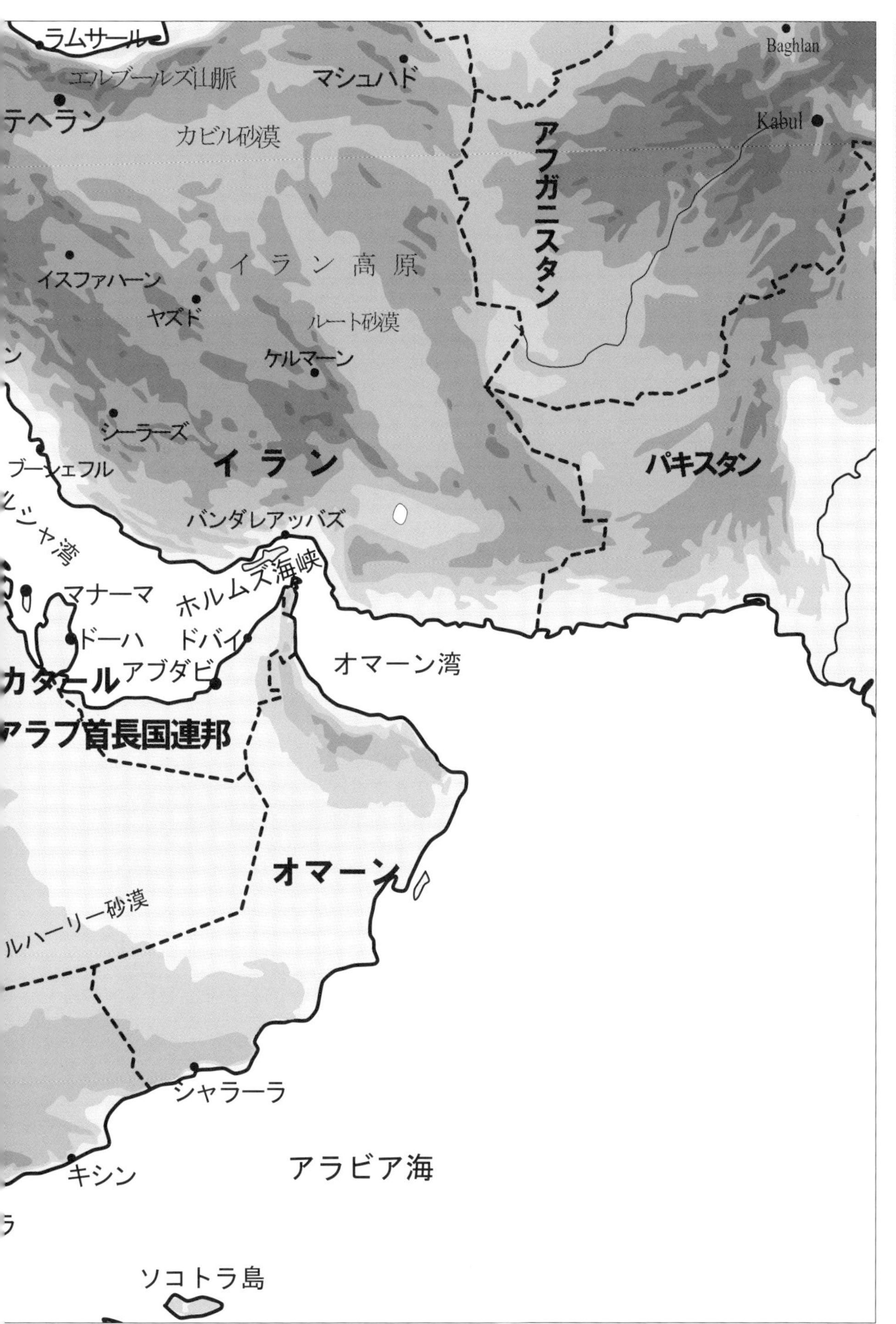
ラムサール
エルブールズ山脈
マシュハド
Baghlan
テヘラン
カビル砂漠
アフガニスタン
Kabul
イスファハーン
イラン高原
ヤズド
ルート砂漠
ケルマーン
シーラーズ
ブーシェフル
イラン
パキスタン
バンダレアッバズ
ホルムズ海峡
マナーマ
ドーハ
ドバイ
オマーン湾
アブダビ
カタール
アラブ首長国連邦
オマーン
ルバハーリー砂漠
シャラーラ
アラビア海
キシン
ソコトラ島

ユネスコ世界遺産センター　ラザレ所長と（リヤド会場にて）

サウジアラビアのユネスコ遺産　概説

アルヘダー、ラクダの群れを呼ぶ口承
（Alheda'a, oral traditions of calling camel flocks）
サウジアラビア／オーマン／アラブ首長国連邦
2022年

本書では、サウジアラビアを特集する。サウジアラビアについては、に出版した「世界遺産ガイドー中東編ー」（2000年7月）、「世界遺産ガイドーイスラム編ー」（2003年7月）、アラブ諸国関係では、「世界遺産ガイドー知られざるエジプト編ー」（2010年7月）をで取り上げたことがある。

サウジアラビアは、アラビア半島の大部分を占め、紅海、ペルシア湾に面する。中東地域においては面積が最大級である。北はクウェート、イラク、ヨルダン、南はイエメン、オマーン、アラブ首長国連邦、カタールと国境を接している。

サウジアラビアの国土の大部分は砂漠で、北部にネフド砂漠、南部にルブアルハリ砂漠（広さ25万平方km）があり、その間をアッダハナと呼ばれる長さ1500kmに及ぶ砂丘地帯が結ぶ。鉄分を含むため赤色を呈する。砂漠と紅海の間には中央山地（北のヒジャーズ山地から南東のアシール山地）があり、標高2500m前後に達する。その間のマッカ州、バーハ州、アスィール州にかけては標高2000mを超える高原地帯が広がっている。南部には国内最高地点であるサウダ山（標高3313m）がそびえる。

サウジアラビアは、世界最大の石油輸出国であると同時に、イスラム教の発祥地で、イスラム教の二大聖地メッカ・メジナを擁する。1902年にイブン・サウドがオスマン帝国の支配を脱してリヤドを平定し、1925年ヘジャズ王国を併合、1932年サウド王家の名をとって現名に改称した。住民はアラブ人で、イスラム教のワッハーブ派が国教で、遊牧民が多い。首都はリヤド。略称、サウジ。面積215万平方km。人口2537万人（2009年）。正称は、サウジアラビア王国である。

サウジアラビアは、1978年8月7日に世界では、38番目に世界遺産条約を締約、2023年9月現在、サウジアラビアの世界遺産の数は6件。サウジアラビア最初の世界遺産は、2008年に登録された「アル・ヒジュルの考古遺跡（マダイン・サーレハ）」（2021年に登録遺産名が変わって「ヘグラの考古遺跡（アル・ヒジュル/マダイン・サーレハ）」）（文化遺産（登録基準(ii)(iii)）、その後、2010年に「ディライーヤのツライフ地区」文化遺産（登録基準(iv)(v)(vi)）、2014年 に「歴史都市ジェッダ、メッカへの門」（文化遺産（登録基準(ii)(iv)(vi)））、2015年に「サウジアラビアのハーイル地方の岩絵」（文化遺産（登録基準(i)(iii)））、2018年に 「アハサー・オアシス、進化する文化的景観」（文化遺産（登録基準(iii)(iv)(v)））、2021年に 「ヒマーの文化地域」（文化遺産（登録基準(iii)）、2023年に 「ウルク・バニ・マアリッド」（自然遺産（登録基準(vii) (ix)）が登録されている。

また、世界遺産暫定リストには、「サウジアラビアの先史時代の石造建築物」、「サウジアラビアの水管理: 古代のダム群」、「サウジアラビアの石油産業遺産」「サラワト山脈の農村文化的景観群」などの14件が記載されている。

サウジアラビアの自然遺産関係は、環境農水省（文化省 Ministry of Culture 省Ministry of Environment Water & Agriculture）、文化遺産関係は、文化省（Ministry of Culture）が管理している。

世界無形文化遺産については、2004年6月に世界では88 番目に無形文化遺産保護条約を締約、世界無形文化遺産は11件です。サウジアラビアの無形文化遺産は、「鷹狩り、生きた人間の遺産」、「アラビア・コーヒー、寛容のシンボル」、「マジリス、文化的・社会的な空間」、「アラルダ・アルナジャー、サウジアラビアの舞踊、太鼓、詩歌」、「アル・メスマー、ドラムと棒のダンス」、「アル･カト アル･アスィーリ、サウジアラビアのアスィール地方の女性の伝統的な内壁装飾」、「ナツメヤシの知識、技術、伝統及び慣習」、「伝統的な織物、アル・サドゥ」、「アラビア書道：知識、技術及び慣習」、「アルヘダー、ラクダの群れを呼ぶ口承」、「ハウラニ・コーヒー豆の栽培に関する知識と慣習」で、いずれも「代表リスト」登録されている。

世界の記憶については、「イスラム初期（クーフィー）の碑文」（2003年選定）、「石に刻まれたアラビアの年代記：イクマ山」（2023年選定）の2件が選定されており、いずれも、石碑である。

サウジアラビアの世界遺産、世界無形文化遺産、世界の記憶は、サウジアラビア単独に加えて、他のアラブ諸国など複数国との共同登録が多いことも特色である。

今回、「世界遺産ガイド－サウジアラビア編－」を発刊する動機になったのは、本年2023年9月10日から25日まで、ユネスコの第45世界遺産委員会拡大会合がリヤドで開催されることになり、招待状をいただいたことが契機になった。この委員会では、42件（自然遺産9件、文化遺産33件）の新たな世界遺産が誕生し、ユネスコの世界遺産は1199件（自然遺産227件、文化遺産933件、複合遺産39件）になった。

アラブ諸国で、世界遺産委員会が開催されるのは、1979年のエジプト・ルクソールでの第3回世界遺産委員会、1999年のモロッコ・マラケシュでの第23回世界遺産委員会、2014年のカタール・ドーハでの第38回世界遺産委員会、2018年のバーレン・マナーマでの第42回世界遺産委員会に次いで5回目である。

また、2025年は、日サ外交関係樹立70周年の記念の年となる。サウジアラビアの国際的な役割、わが国との二国間関係など、今後も注視しておくべき国である。かかる観点から「世界遺産ガイド－サウジアラビア編－」を発刊する運びとなった。

2023年10月　古田陽久

＜参考＞　世界遺産のキーワード

※https://whc.unesco.org/

- 世界遺産　World Heritage
- 世界遺産条約　World Heritage Convention
- 締約国　State Party
- 世界遺産委員会　World Heritage Committee
- 幹事国会合　Bureau Meeting
- 議長国　Chairperson
- 副議長国　Vice-Chairperson
- 書記(国)(ラポルチュール)　Rapporteur
- 事務局　Secretariat
- 世界遺産センター　World Heritage Center
- 助言機関　Advisory Bodies
- 国際記念物遺跡会議　International Council on Monuments and Sites（ICOMOS）
- 国際自然保護連合　International Union for Conservation of Nature and Natural Resources（IUCN）
- 文化財の保存及び修復の研究のための国際センター
（International Centre for the Study of the Preservation and Restoration of Cultural Property　ICCROM）
- 作業指針　Operational Guidelines
- 世界遺産リスト　World Heritage List
- 核心地帯（コア・ゾーン）　Core Zone
- 緩衝地帯（バッファー・ゾーン）　Buffer Zone
- 顕著な普遍的価値　Outstanding Universal Value（略称　OUV）
- 真正性　Authenticity
- 完全性　Integrity
- 他の類似物件との比較　Comparison with other similar properties
- 登録基準　Criteria for inscription
- 自然遺産　Natural Heritage
- 文化遺産　Cultural Heritage
- 複合遺産　Natural and Cultural Heritage
- 危機遺産　World Heritage in Danger
- 危機遺産リスト　World Heritage List in Danger
- 登録申請書類の書式　Nomination forms
- 多国間の登録申請　Multi-national nomination
- 世界遺産基金　World Heritage Fund
- 国際援助　International Assistance
- 定期報告　Periodic reporting
- 非政府組織、機関、専門家　NGO, institutions and experts
- 文化の多様性　Cultural Diversity
- 啓発　Raising awareness
- 能力形成　Capacity building
- 地域社会　Community
- 持続可能な発展　Sustainable Development

サウジアラビアの世界遺産

歴史都市ジェッダ、メッカへの門
（Historic Jeddah, the Gate to Makkah）
文化遺産（登録基準(ii)(iv)(vi)）
2014年

サウジアラビア王国　**Kingdom of Saudi Arabia**

首都　リヤド
世界遺産の数　7　世界遺産条約締約年　1978年　世界遺産委員会委員国　2019～2023年
世界遺産委員会開催国　第45回世界遺産委員会拡大会合リヤド会議2023

【登録年別】

❶ヘグラの考古遺跡（アル・ヒジュル/マダイン・サーレハ）
（Hegra Archaeological Site (al-Hijr / Madā᾽in Ṣāliḥ)）
文化遺産（登録基準(ii)(iii)）　2008年／2021年
アル・ウラの北東22kmにある古代都市遺跡

❷ディライーヤのツライフ地区
（At-Turaif District in ad-Dir'iyah）
文化遺産（登録基準(iv)(v)(vi)）　2010年
リヤド州のディライーヤのツライフ地区にある歴史都市の遺跡

❸歴史都市ジェッダ、メッカへの門
（Historic Jeddah, the Gate to Makkah）
文化遺産（登録基準(ii)(iv)(vi)）　2014年
マッカ・アル・ムカッラマ地方、紅海の東岸にある都市にある歴史都市の町並み

❹サウジアラビアのハーイル地方の岩絵
（Rock Art in the Hail Region of Saudi Arabia）
文化遺産（登録基準(i)(iii)）　2015年
ハーイル地方の北部国境州に残る古代の人々が岩に描いた動物や人間の岩絵

❺アハサー・オアシス、進化する文化的景観
（Al-Ahsa Oasis, an evolving Cultural Landscape）
文化遺産（登録基準(iii)(iv)(v)）　2018年
庭園群、運河群、泉、源泉井戸、排水湖、それに、歴史的建造物群、考古学的遺跡など。

❻ヒマーの文化地域
（Ḥimā Cultural Area）
文化遺産（登録基準(iii)　2021年
ルブアルハリ砂漠の山岳地域にある古代の文化的な岩絵群。

❼ウルク・バニ・マアリッド
（Uruq Bani Ma'arid）
自然遺産（登録基準(vii)(ix)　2023年
ルブアルハリ砂漠の西端にある自然景観と生態系を誇る自然保護区。

世界遺産暫定リスト記載物件

①サウジアラビアの先史時代の石造建築物（Prehistoric Stone Structures in Saudi Arabia）
2023年1月23日
②サウジアラビアの水管理: 古代のダム群
（Water Management in Saudi Arabia: The Ancient Dams） 2023年1月23日
③西アラビアの生物気候避難所（Bioclimatic Refugia of Western Arabia） 2023年1月23日
④サウジアラビアの石油産業遺産（The Oil Industrial Heritage in Saudi Arabia）
2023年1月23日
⑤サラワト山脈の農村文化的景観群
（The Rural Cultural Landscapes of Sarawat Mountains） 2023年1月23日
⑥アル・ファウ考古学地域の文化的景観群
（The Cultural Landscape of Al-Faw Archaeological Area） 2022年1月3日
⑦北部アラビアの古代の城壁に囲まれたオアシス群
（The Ancient Walled Oases of Northern Arabia） 2022年1月3日
⑧ハッジ巡礼路：ダルブ・ズバイダ
（The Hajj Pilgrimage Routes: The Darb Zubaydah） 2022年1月2日
⑨ファラサン諸島保護区（Farasan Islands Protected Area） 2019年1月3日
⑩ヒジャーズ鉄道（Hejaz Railway） 2015年4月8日
⑪シリアのハッジロード（Syrian Hajj Road） 2015年4月8日
⑫エジプトのハッジロード（Egyptian Hajj Road） 2015年4月8日
⑬アスィール州のリハル・アルマー遺産村
（Rijal Almaa Heritage Village in Assir Region） 2015年4月8日
⑭バーハ州のジー・エイン遺産村
（Zee Ain Heritage Village in Al-Baha Region） 2015年4月8日

ヘグラの考古遺跡（アル・ヒジュル/マダイン・サーレハ）

英語名 **Hegra Archaeological Site （al-Hijr / Madāʾin Ṣāliḥ）**

遺産種別 **文化遺産**

登録基準
（ii）ある期間を通じて、または、ある文化圏において、建築、技術、記念碑的芸術、町並み計画、景観デザインの発展に関し、人類の価値の重要な交流を示すもの。
（iii）現存する、または、消滅した文化的伝統、または、文明の、唯一の、または、少なくとも稀な証拠となるもの。

登録年月 2008年7月（第32回世界遺産委員会ケベック会議）
2021年7月（第44回世界遺産委員会福州会議）**【登録遺産名の変更】**

登録遺産の面積 1,621.2 ha **バッファー・ゾーン** 1,659.34 ha

登録遺産の概要 ヘグラの考古遺跡（アル・ヒジュル/マダイン・サーレハ）は、サウジアラビアの北西部、ヨルダンとの国境に近いアル・ウラの北東22kmにある古代都市遺跡である。アル・ヒジュルは、「岩だらけの場所」、マダイン・サーレハは、「サーリフの町」を意味する。ナバティア人の文明の遺跡としては最大規模で、ペトラがナバティア人の「北の首都」であったのに対して、アル・ヒジュルは「南の首都」であった。ナバティア人の起源については、中央アラビアからやって来た説とアラビア湾の北の海岸から来た説など諸説がある。ヘグラの考古遺跡（アル・ヒジュル/マダイン・サーレハ）は、紀元前1世紀から紀元後１世紀の装飾された外壁が良く保存された記念碑的な墓が特徴である。ヘグラの考古遺跡（アル・ヒジュル/マダイン・サーレハ）は、また、ナバティア文明以前に刻まれた50の碑文と幾つかの洞窟絵画を特徴とし、ナバティア文明のユニークな証拠となるものである。兵士、役人、司令官、騎手などの111の記念碑的な墓、その内の94は装飾されている。また、井戸は、ナバティア人の建築学的な成果であり、水利技術の専門知識の顕著な事例である。ナバティア人は、ローマ人の手が届きにくいことや南アラビアからの隊商貿易に対する近隣種族からの保護の為、アル・ヒジュルを軍事基地としても使用していた。ローマ軍が、西暦106年に、ナバティア王国を征服した後、隊商の交易ルートを陸上から海上に移した為、アル・ヒジュルは交易の中心地としての機能を失った。ヘグラの考古遺跡（アル・ヒジュル/マダイン・サーレハ）は、第32回世界遺産委員会ケベック・シティ会議で、サウジアラビアで最初の世界遺産になった。「アル・ヒジュルの考古遺跡（マダイン・サーレハ）」は2021年の第44回世界遺産委員会で「ヘグラの考古遺跡（アル・ヒジュル/マダイン・サーレハ）」に登録遺産名を変更した。

分類 遺跡

物件所在地 アル・マディーナ アル・ムナウワラ州アル・ウラ地域

参考URL ユネスコ世界遺産センター **https://whc.unesco.org/en/list/1293**

ヘグラの考古遺跡

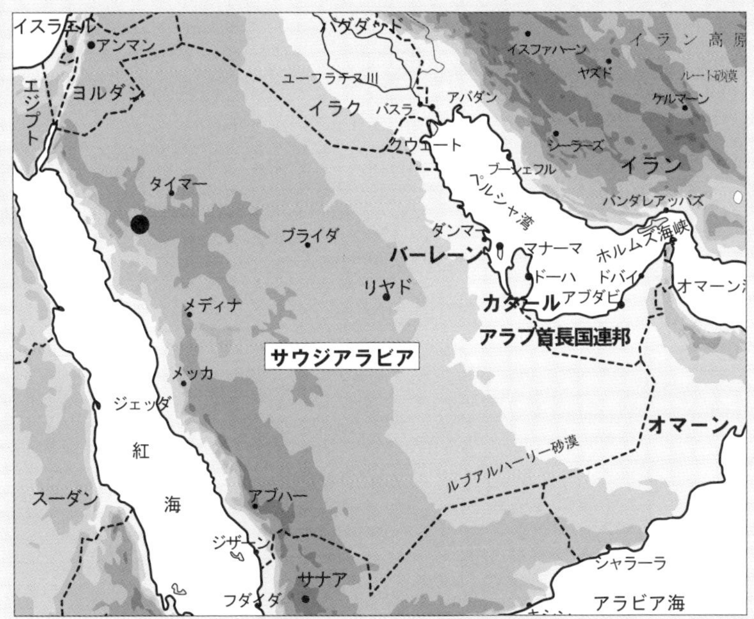

北緯26度47分　東経37度57分

ディライーヤのツライフ地区

英語名 **At-Turaif District in ad-Dir'iyah**

遺産種別 **文化遺産**

登録基準 (iv) 人類の歴史上重要な時代を例証する、ある形式の建造物、建築物群、技術の集積、または、景観の顕著な例。 。
(v) 特に、回復困難な変化の影響下で損傷されやすい状態にある場合における、ある文化（または、複数の文化）を代表する伝統的集落、または、土地利用の顕著な例。
(vi) 顕著な普遍的な意義を有する出来事、現存する伝統、思想、信仰、または、芸術的、文学的作品と、直接に、または、明白に関連するもの。
。

登録年月 2010年8月（第34回世界遺産委員会ブラジリア会議）

登録遺産の面積 28.78 ha **バッファー・ゾーン** 237.95 ha

登録遺産の概要 ディライーヤのツライフ地区は、アラビア半島の中央部、首都リヤドの北西20km、リヤド州のディライーヤのツライフ地区にある。ディライーヤは、アラビア語の「盾」という言葉に由来し、15世紀に、アラビア半島の中心部特有のナイディ建築様式で創建された。ディライーヤは、現在のサウード王国発祥の地で、18世紀後半から19世紀初頭にかけて繁栄した第1次サウード王国の首都になり、また、ナジュドで、ムハンマド・イブン・アブドル・ワッハーブによるイスラム改革運動のワッハーブ派が起こったため、政治的、宗教的な役割が増した。ディライーヤ・オアシスの端の高台にあるツライフ地区は、サウード王家の歴代の宮殿や大蔵省などの行政機関も置かれるなどサウード王家の権力の中心となり、ディライーヤ全域を取り囲む城壁や、四方の見張り塔が見渡せる要衝であったが、1818年に、第1次サウード王国の台頭を警戒したオスマン帝国の傘下にあったエジプト軍によって徹底的に破壊された。現在の遺跡の多くは、その当時のものである。ツライフ地区には、第1次サウード王国の第4代領主、アブドゥッラー・ビン・サウードとその兄弟9人のプリンス達の宮殿、ディライーヤで最大のドリーシャ要塞など土構造の建造物群の遺構が残っている。現在は、修復作業が進み、一般公開されている。

分類 遺跡、 人の住んでいない歴史都市

物件所在地 リヤド州ディライーヤのツライフ地区

参考URL ユネスコ世界遺産センター **https://whc.unesco.org/en/list/1329**

ディライーヤのツライフ地区

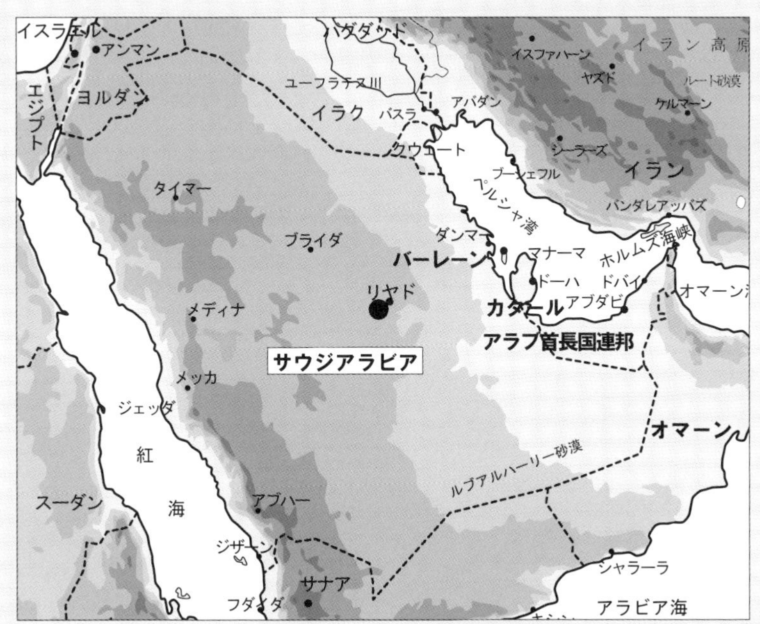

北緯24度44分　東経46度34分

歴史都市ジェッダ、メッカへの門

英語名　**Historic Jeddah, the Gate to Makkah**

遺産種別　文化遺産

登録基準
(ii) ある期間を通じて、または、ある文化圏において、建築、技術、記念碑的芸術、町並み計画、景観デザインの発展に関し、人類の価値の重要な交流を示すもの。
(iv) 人類の歴史上重要な時代を例証する、ある形式の建造物、建築物群、技術の集積、または、景観の顕著な例。　。
(vi) 顕著な普遍的な意義を有する出来事、現存する伝統、思想、信仰、または、芸術的、文学的作品と、直接に、または、明白に関連するもの。

。

登録年月　2014年6月（第38回世界遺産委員会ドーハ会議）

登録遺産の面積　17.92 ha　**バッファー・ゾーン**　113.58 ha

登録遺産の概要　歴史都市ジェッダ、メッカへの門は、サウジアラビアの西部、マッカ・アル・ムカッラマ地方、紅海の東岸にある都市にある。紀元前7世紀から、エジプトから紅海を経てインド洋に至る交易ルートの主要港として造られ、イスラム教の聖地メッカへの物資の経路となった。また、インドやアフリカなどからの海路でのメッカへのハッジに向かう巡礼者にとっては、出入口の港でもあった。これらの役割は、16世紀から20世紀初期にかけてのマグレブ、アラビア、インド、東南アジアとの交流によって、ジェッダを多文化を育む中心地へと発展させた。世界遺産の構成資産は、交易軸、スーク（市場）群、巡礼軸、モスク群、北部の住居地区、南部の3～4階の家屋群、住商混合地域からなる。なかでも、スエズ運河の開通や定期的な蒸気船の拡大などで富を得た豪商が19世紀後半に建てた7階建のタワーハウス、紅海沿岸の珊瑚の建物など建築上の伝統などが特徴で、今も人が住む歴史的な町並みを形成し、メッカへの巡礼者の賑わいを生んでいる。

分類　建造物群、人が住む歴史的な町

物件所在地　マッカ・アル・ムカッラマ地方

参考URL　ユネスコ世界遺産センター　**https://whc.unesco.org/en/list/1361**

歴史都市ジェッダ、メッカへの門

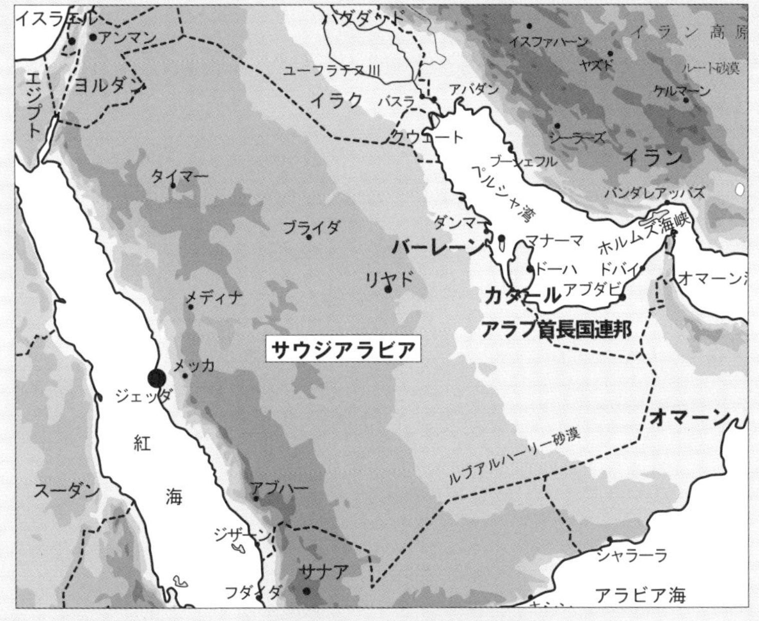

北緯21度29分　東経39度11分

サウジアラビアのハーイル地方の岩絵

英語名　**Rock Art in the Hail Region of Saudi Arabia**

遺産種別　文化遺産

登録基準　(i) 人類の創造的天才の傑作を表現するもの。
(iii) 現存する、または、消滅した文化的伝統、または、文明の、唯一の、または、少なくとも稀な証拠となるもの。

登録年月　2015年7月（第39回世界遺産委員会ボン会議）

登録遺産の面積　2,043.8 ha　**バッファー・ゾーン**　3,609.5 ha

登録遺産の概要　サウジアラビアのハーイル地方の岩絵は、サウジアラビアの中北部、ハーイル地方の北部国境州に残る古代の人々が岩に描いた動物や人間の岩絵で、赤い砂のネフド砂漠の西端の村であるジュッバにあるジャバル・ウンム・シンマン、それに、シュワイミスにあるジャバル・アル・マンジャーとジャバル・ラートの2つの構成資産からなる。ジュッバのジャバル・ウンム・シンマンでは、現在のアラブ人の先祖は、無数のペトログリフと 碑文に彼らが存在したことを示す印を残した。ジャバル・アル・マンジャーとジャバル・ラートにある多数のペトログリフと碑文は、人類史における、ほぼ1万年前からのものであると共に、その規模などの点で、サウジアラビアだけではなく、アラビア半島、ひいては中東全体でも最大級で豊富な岩絵群であることから、世界遺産に登録された。

分類　遺跡群、岩絵

物件所在地　ハーイル地方北部国境州

構成資産
- ●ジャバル・ウンム・シンマン
- ●ジャバル・アル・マンジャーとジャバル・ラート

参考URL　ユネスコ世界遺産センター　**https://whc.unesco.org/en/list/1472**

サウジアラビアのハーイル地方の岩絵

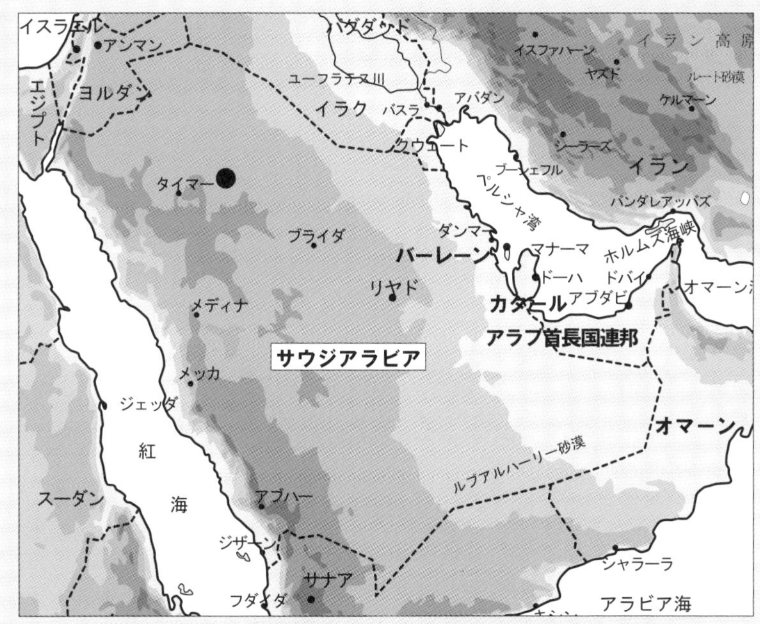

北緯28度0分　東経40度54分

アハサー・オアシス、進化する文化的景観

英語名 **Al-Ahsa Oasis, an evolving Cultural Landscape**

遺産種別 **文化遺産**

登録基準 (iii) 現存する、または、消滅した文化的伝統、または、文明の、唯一の、または、少なくとも稀な証拠となるもの。
(iv) 人類の歴史上重要な時代を例証する、ある形式の建造物、建築物群、技術の集積、または、景観の顕著な例。　。
(v) 特に、回復困難な変化の影響下で損傷されやすい状態にある場合における、ある文化（または、複数の文化）を代表する伝統的集落、または、土地利用の顕著な例。

登録年月 2018年7月（第42回世界遺産委員会マナーマ会議）

登録遺産の面積 8,544 ha　**バッファー・ゾーン** 21,556 ha

登録遺産の概要 アハサー・オアシスは、サウジアラビアの東部、東部州にある。「アハサー」は、「地下水」という意味である。アハサー・オアシスは、庭園群、運河群、泉、源泉井戸、排水湖、それに、歴史的建造物群、考古学的遺跡など連続的な構成資産からなる。それらは、新石器時代から現在に至るまでの湾岸地域における継続する人間の定住の 足跡を代表するもので、残った歴史的な要塞、モスク群、井戸群、運河群、それに、水管理システムなどが見られる。その250万本のナツメヤシが象徴的な世界で最大級のオアシスである。アハサーは、 ユニークな文化的景観でもあり、環境と人間とが相互に作用した類ない事例である。

分類 遺跡、文化的景観

物件所在地 東部州

構成資産
●東部オアシス
●北部オアシス
●アス・シーフ
●カスル・イブラヒム
●スーク・アル・カイサリーヤ
●カスル・クザム
●カスル・サフード
●ジャワサ考古学的遺跡
●ジャワサモスク
●アル・オユン村
●アイン・キナス考古学的遺跡
●アルアスファール湖

参考URL ユネスコ世界遺産センター **https://whc.unesco.org/en/list/1563**

サウジアラビアの世界遺産

アハサー・オアシス

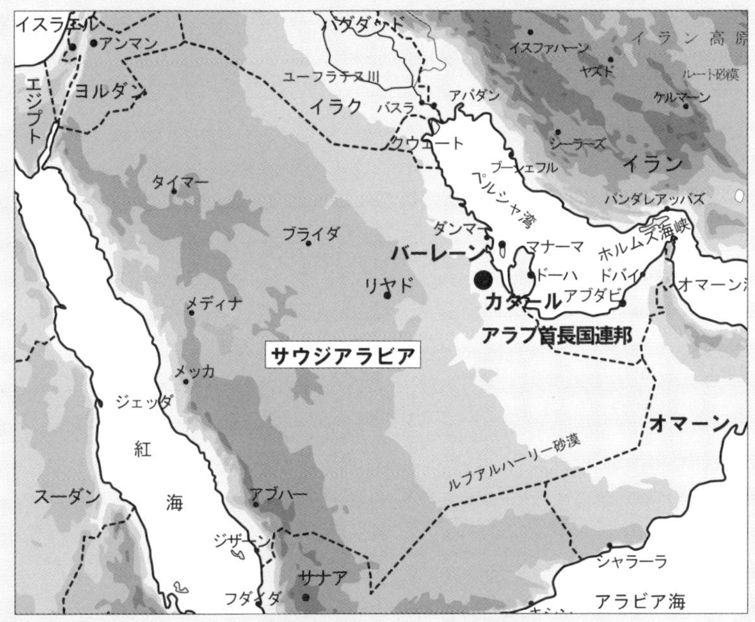

北緯25度24分　東経49度37分

ヒマーの文化地域

英語名　**Ḥimā Cultural Area**

遺産種別　文化遺産

登録基準　(iii) 現存する、または、消滅した文化的伝統、または、文明の、唯一の、または、少なくとも稀な証拠となるもの。

登録年月　2021年7月（第44回世界遺産委員会福州会議）

登録遺産の面積　242.17 ha　**バッファー・ゾーン**　31,757.83 ha

登録遺産の概要　ヒマーの文化地域は、サウジアラビアの南西部、ナジュラン市の北約200km、アラビア半島の古代の隊商の道の一つである乾燥したルブアルハリ砂漠の山岳地域にある古代の文化的な岩絵群である。世界遺産の登録面積は242.17ha、バッファーゾーン31,757.83haで、ヒマー・ウェルズ、サイダー、アン・ジャマ、ディーバ、ミンシャフ、ナジュド・カイランの6つの構成資産からなる。ヒマーの文化地域は、狩猟、動物、植物、生活様式、人間同士の戦闘シーンなどを描いた岩絵の豊富なコレクションで、7,000年にもわたって継続した文化である。旅行者や軍隊キャンプが20世紀の後半まで数多くの碑文やペトログリフを残しており保存状態も良い。碑文は、古代のムスナッド語、ナバテア・アラム語、南アラビア語、サムード語、ギリシャ語、アラビア語など異なる文字からなる。この場所は、古代の砂漠の香料など隊商の道や巡礼＜ハッジ＞の道の中継地（オアシス）として知られるキャラバンサライの遺跡も残る最古のものであり、少なくとも 3,000年前のビルヒマの井戸が数多く残っており、現在も新鮮な水を汲むことができる。

分類　岩絵群

物件所在地　ナジュラーン州ヒマー地域

構成資産
- ●ヒマー・ウェルズ
- ●サイダー
- ●アン・ジャマ
- ●ディーバ
- ●ミンシャフ
- ●ナジュド・カイラン

参考URL　ユネスコ世界遺産センター　**https://whc.unesco.org/en/list/1619**

サウジアラビアの世界遺産

ヒマーの文化地域

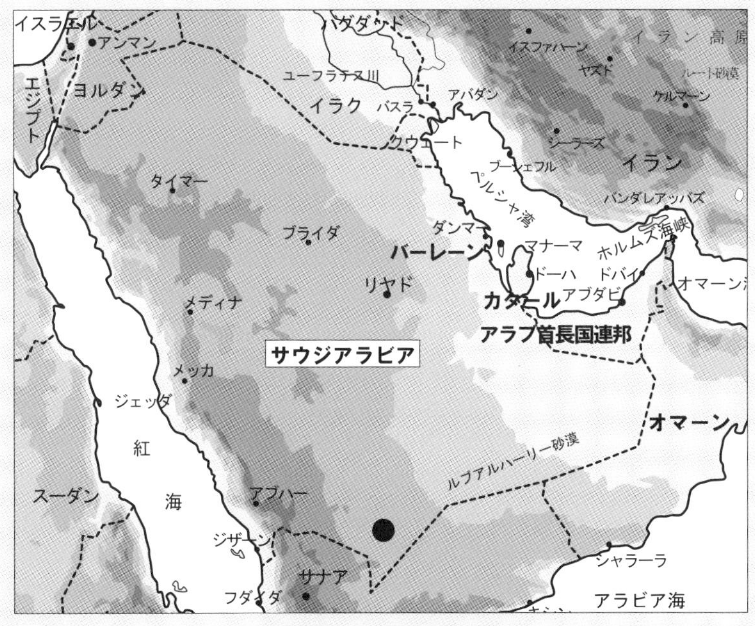

北緯18度19分　東経44度32分

ウルク・バニ・マアリッド

英語名　**Uruq Bani Ma'arid**

遺産種別　自然遺産

登録基準　(vii) もっともすばらしい自然的現象、または、ひときわすぐれた自然美をもつ地域、及び、美的な重要性を含むもの。
(ix) 陸上、淡水、沿岸、及び、海洋生態系と動植物群集の進化と発達において、進行しつつある重要な生態学的、生物学的プロセスを示す顕著な見本であるもの。

登録年月　2023年9月（第45回世界遺産委員会拡大会合リヤド会議）

登録遺産の面積　1,276,500ha　**バッファー・ゾーン**　80,600ha

登録遺産の概要　ウルク・バニ・マアリッドは、サウジアラビアの南部、ルブアルハリ砂漠の西端にある自然保護区で、サウジアラビア初の自然遺産である。世界遺産の登録面積は1,276,500 ha、バッファー・ゾーンは80,600 haで、砂が生み出す絶景の自然景観と絶滅が危惧される生きものの生息地としての生態系が評価された。ウルク・バニ・マアリッドは、地球上で最大の連続した砂の海であり、絶滅が危惧されるアラビアオリックスやアラビア砂ガゼルなどの象徴的な砂漠の動物を自然の生息地に再導入した自然生育で、世界的に注目されている。また、移動性の砂丘は、砂に潜る無脊椎動物や爬虫類にとって、優れた酸素供給環境を提供している。

分類　自然景観、生態系

物件所在地　リヤード州、ナジュラーン州

保護措置　ウルク・バニ・マアリッド保護地域（1,276,500ha）

管理計画　ウルク・バニ・マアリッド管理計画（2021-2023）

参考URL　ユネスコ世界遺産センター　**https://whc.unesco.org/en/list/1699/**

レプタデニア・ピロテクニカの木々の近くにいるアラビアオリックス

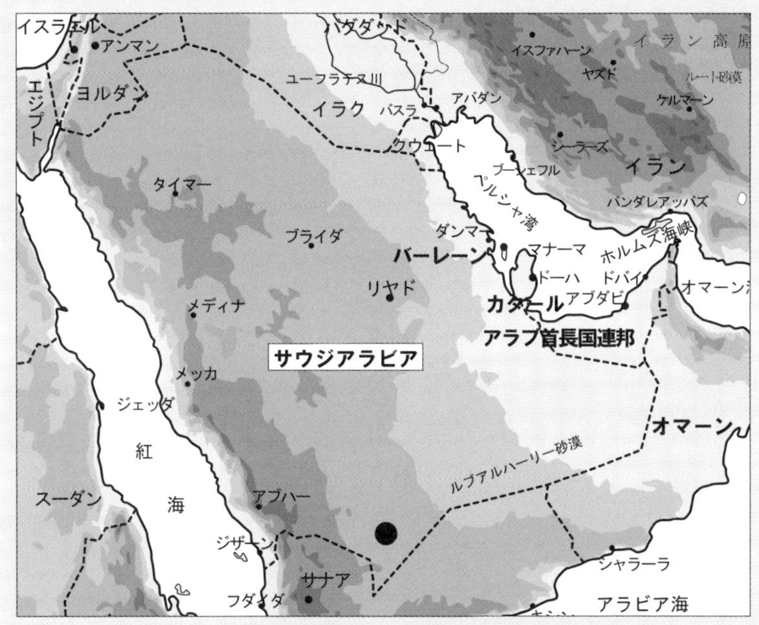

北緯19度21分　東経45度35分

世界遺産地ディライーヤのツライフ地区にて

サウジアラビアの世界無形文化遺産

アラルダ・アルナジャー、サウジアラビアの舞踊、太鼓、詩歌
（Alardah Alnajdiyah, dance, drumming and poetry in Saudi Arabia）
2015年

サウジアラビア王国
Kingdom of Saudi Arabia
首都　リヤド
代表リストへの登録数　11
無形文化遺産保護条約締約日　2008年1月10日

【登録年別】

❶鷹狩り、生きた人間の遺産
（Falconry, a living human heritage）
2010年／2012年／2016年／2021年
サウジアラビア／アラブ首長国連邦／カタール／シリア／モロッコ／モンゴル／韓国／スペイン／フランス／ベルギー／チェコ／オーストリア／ハンガリー／カザフスタン／パキスタン／イタリア／ポルトガル／ドイツ／クロアチア／アイルランド／キルギス／オランダ／ポーランド／スロヴァキア
サウジアラビアの対象地域：北部のサカカ・ジャウフ地域

❷アラビア・コーヒー、寛容のシンボル
（Arabic coffee, a symbol of generosity）
サウジアラビア／アラブ首長国連邦／オマーン／カタール　2015年
サウジアラビアの対象地域：砂漠地域を含む全土

❸マジリス、文化的・社会的な空間
（Majlis, a cultural and social space）
アラブ首長国連邦／オマーン／サウジアラビア／カタール　2015年
サウジアラビアの対象地域：ヒジャズ地域

❹アラルダ・アルナジャー、サウジアラビアの舞踊、太鼓、詩歌
（Alardah Alnajdiyah, dance, drumming and poetry in Saudi Arabia）　2015年
サウジアラビアの対象地域：ナジュド地域

❺アル・メスマー、ドラムと棒のダンス
（Almezmar, drumming and dancing with sticks）　2016年
サウジアラビアの対象地域：ヒジャズ地域

❻アル・カト アル・アスィーリ、サウジアラビアのアスィール地方の女性の伝統的な内壁装飾
（Al-Qatt Al-Asiri, female traditional interior wall decoration in Asir, Saudi Arabia）　2017年
サウジアラビアの対象地域：アスィール地方

❼ナツメヤシの知識、技術、伝統及び慣習
（Date palm, knowledge, skills, traditions and practices）　2019年
サウジアラビア／バーレン／エジプト／イラク／ヨルダン／クウェート／モーリタニア／モロッコ／オマーン／パレスチナ／スーダン／チュニジア／アラブ首長国連邦／イエメン
サウジアラビアの対象地域：リヤド、マディーナ

❽伝統的な織物、アル・サドゥ
（Traditional weaving of Al Sadu）
サウジアラビア／クウェート 2020年
サウジアラビアの対象地域：北部のタブーク州、ジャウフ州、中央部のカスィーム州、東部のアル・コバール

❾アラビア書道：知識、技術及び慣習
(Arabic calligraphy、knowledge、skills and practices)
サウジアラビア／アルジェリア／バーレン／エジプト／イラク／ヨルダン／クウェート／レバノン／モーリタニア／モロッコ／オーマン／パレスチナ／スーダン／チュニジア／アラブ首長国連邦／イエメン
2021年
サウジアラビアの対象地域：　全域

❿アルヘダー、ラクダの群れを呼ぶ口承
(Alheda' a, oral traditions of calling camel flocks)
サウジアラビア／オーマン／アラブ首長国連邦　2022年
サウジアラビアの対象地域：砂漠地域、特に、タブーク州、マッカ州、ジーザーン州等

⓫ハウラニ・コーヒー豆の栽培に関する知識と慣習
(Knowledge and practices related to cultivating Khawlani coffee beans)　2022年
対象地域：サウジアラビアの南西部、ジーザーン州

【遺産種別】

すべて「**代表リスト**」に登録されており、「**緊急保護リスト**」、「**グッド・プラクティス**」は無し。

アラビア・コーヒー、寛容のシンボル

サウジアラビアの世界無形文化遺産

鷹狩り、生きた人間の遺産

準拠　無形文化遺産の保護に関する条約（略称：無形文化遺産保護条約）

目的　グローバル化により失われつつある多様な文化を守る為、無形文化遺産尊重の意識を向上させ、その保護に関する国際協力を促進する。

登録遺産名　**Falconry, a living human heritage**

人類の無形文化遺産の代表的なリスト（略称：代表リスト）への登録年　2010年

登録遺産の概要　鷹狩り、生きた人間の遺産は、サウジアラビア北部のサカカ・ジャウフ地域、アラブ首長国連邦アブダビ首長国、ベルギーのフランダース地方、チェコのモラヴィア地方、フランスのブルターニュ地方イレヴィレーヌ県、韓国の大田広域市東区、全羅北道鎮安郡、モンゴルのバヤンウルギー県の少数民族のカザフ族、モロッコのドゥカラ・アブダ地域のカセム・ウラド・フラ二族、カタール北部のアル・ホール、スペインのカスティーリャ・イ・レオン州、シリア中央部のホムス県などで、鷹を訓練し、野生の餌を捕まえる伝統的な狩猟の方法をいう。鷹狩りは、コミュニティやクラブに支えられ伝統的な衣装、食物、歌、音楽、詩、舞踊などより広い文化遺産の基礎を形成する。韓国の場合、主に寒露（10月8日頃）と冬至の間に行われた。鷹狩りに対する登録申請は、サウジアラビア、アラブ首長国連邦、カタール、シリア、モロッコ、モンゴル、韓国、スペイン、フランス、ベルギー、チェコの11か国が賛同し、アラブ首長国連邦が代表して登録申請、2010年に実現、2012年にはオーストリアとハンガリーを、2016年にはカザフスタン、パキスタン、イタリア、ポルトガル、ドイツ、2021年にはクロアチア、アイルランド、キルギス、オランダ、ポーランド、スロヴァキアを登録対象国に加え、24か国での共同登録となった。

分類　口承による伝統及び表現、社会的慣習、儀式及び祭礼行事、
自然及び万物に関する知識及び慣習、伝統工芸技術

登録基準　「代表リスト」への登録申請にあたっては、次のR.1～R.5までの5つの基準を全て満たさなければならない。

R.1　要素は、条約第2条で定義された無形文化遺産を構成すること。
R.2　要素の登録は、無形文化遺産の認知と重要性の意識の向上が確保され、世界の文化の多様性を反映し、人類の創造性を示す対話が奨励されること。
R.3　要素を保護し促進する保護措置が図られていること。
R.4　要素は、関係するコミュニティー、集団、或は、場合によっては、個人の可能な限り幅広い参加、そして、彼らの自由な、事前説明を受けた上での同意をもって申請されたものであること。
R.5　要素は、条約第11条と第12条で定義された、締約国の領域内にある無形文化遺産の提出目録に含まれていること。

地域　サカカ・ジャウフ地域

参考URL　**https://ich.unesco.org/en/RL/falconry-a-living-human-heritage-01708**

鷹狩り、生きた人間の遺産

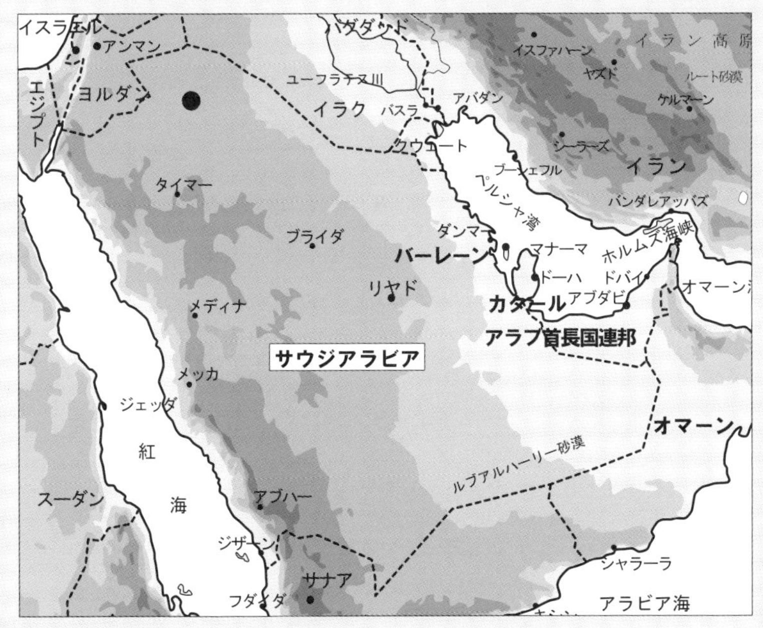

アラビア・コーヒー、寛容のシンボル

準拠　無形文化遺産の保護に関する条約（略称：無形文化遺産保護条約）

目的　グローバル化により失われつつある多様な文化を守る為、無形文化遺産尊重の意識を向上させ、その保護に関する国際協力を促進する。

登録遺産名　**Arabic coffee, a symbol of generosity**

人類の無形文化遺産の代表的なリスト（略称：代表リスト）への登録年　2015年

登録遺産の概要　アラビア・コーヒー、寛容のシンボルは、サウジアラビアの砂漠地域を含む全土、アラブ首長国連邦のアブダビの東西地域のベドウィン地域、オマーンやカタールの全土などアラブ諸国でのコーヒー文化である。アラビア・コーヒーを出すことは、アラブ社会でのもてなしの重要な側面である。伝統的に来客の前で準備され、部族の長老や首長によっても出される。コーヒー豆は、煎られ、粉砕機で粉にされ、それからポットで入れられる。最も重要な、或は、年長の、或は、長老のゲストは、最初に出される。アラビア・コーヒーの伝統作法は、家族内で言い伝えられ、コーヒー豆の選び方を学ぶ為に年長者と一緒にマーケットを訪問する。サウジ・アラビア／アラブ首長国連邦／オマーン／カタールとの共同登録である。

分類　口承による伝統及び表現、芸能、社会的慣習、儀式及び祭礼行事、
自然及び万物に関する知識及び慣習、伝統工芸技術

登録基準　「代表リスト」への登録申請にあたっては、次のR. 1～R. 5までの5つの基準を全て満たさなければならない。

R. 1　要素は、条約第2条で定義された無形文化遺産を構成すること。
R. 2　要素の登録は、無形文化遺産の認知と重要性の意識の向上が確保され、世界の文化の多様性を反映し、人類の創造性を示す対話が奨励されること。
R. 3　要素を保護し促進する保護措置が図られていること。
R. 4　要素は、関係するコミュニティー、集団、或は、場合によっては、個人の可能な限り幅広い参加、そして、彼らの自由な、事前説明を受けた上での同意をもって申請されたものであること。
R. 5　要素は、条約第11条と第12条で定義された、締約国の領域内にある無形文化遺産の提出目録に含まれていること。

地域　砂漠地域を含む全土。

参考URL　**https://ich.unesco.org/en/RL/arabic-coffee-a-symbol-of-generosity-01074**

アラビア・コーヒー

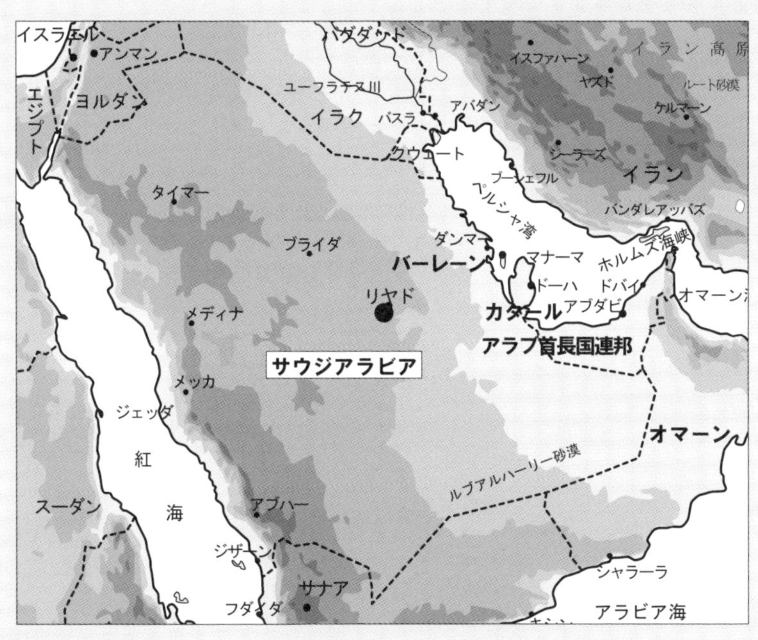
イスラエル
アンマン
バグダッド
イスファハーン
イラン高原
ヤズド
ルート砂漠
ユーフラテス川
エジプト
ヨルダン
イラク
バスラ
アバダン
ケルマーン
クウェート
シーラーズ
ブーシェフル
イラン
タイマー
ペルシャ湾
バンダレアッバズ
ダンマーム
ブライダ
ホルムズ海峡
マナーマ
バーレーン
ドーハ
ドバイ
リヤド
オマーン湾
カタール
アブダビ
メディナ
アラブ首長国連邦
サウジアラビア
メッカ
ジェッダ
オマーン
紅
海
ルブアルハーリー砂漠
スーダン
アブハー
ジザーン
シャラーラ
サナア
フダイダ
アラビア海

マジリス、文化的・社会的な空間

準拠　無形文化遺産の保護に関する条約（略称：無形文化遺産保護条約）

目的　グローバル化により失われつつある多様な文化を守る為、無形文化遺産尊重の意識を向上させ、その保護に関する国際協力を促進する。

登録遺産名　**Majlis, a cultural and social space**

人類の無形文化遺産の代表的なリスト（略称：代表リスト）への登録年　2015年

登録遺産の概要　マジリス、文化的・社会的な空間は、サウジアラビア、アラブ首長国連邦、オマーン、カタールの口承遺産である。マジリスとは、アラビア語で、会議、集合、会議場といった意味である。その地域は、通常、大きく、快適で、飲み物をつくる設備が備えられている。広範な地元の知識を有する年長者が主な担い手である。マジリスの継承は、子供が年長のコミュニティ・メンバーと共に出席する時に行われる。しっとりとした曲調のアラブ・ポップスや、アラブの叙情的な旋律のダウン・テンポの曲で選曲されたリラックスした雰囲気のコンピレーション、つまり部屋でまったりと聴けて、癒されることをコンセプトにしているようで、いずれの曲もオリエンタルなメロディ、リズムが心地よく響くものばかりである。
サウジ・アラビア／アラブ首長国連邦／オマーン／カタールとの共同登録である。

分類　口承による伝統及び表現、社会的慣習、儀式及び祭礼行事、自然及び万物に関する知識及び慣習

登録基準　「代表リスト」への登録申請にあたっては、次のR. 1～R. 5までの5つの基準を全て満たさなければならない。

R. 1　要素は、条約第2条で定義された無形文化遺産を構成すること。
R. 2　要素の登録は、無形文化遺産の認知と重要性の意識の向上が確保され、世界の文化の多様性を反映し、人類の創造性を示す対話が奨励されること。
R. 3　要素を保護し促進する保護措置が図られていること。
R. 4　要素は、関係するコミュニティー、集団、或は、場合によっては、個人の可能な限り幅広い参加、そして、彼らの自由な、事前説明を受けた上での同意をもって申請されたものであること。
R. 5　要素は、条約第11条と第12条で定義された、締約国の領域内にある無形文化遺産の提出目録に含まれていること。

地域　都市地域、特に、人口密度の高い海岸地域。それに、ベドウィンの居住地があるオアシス、砂漠。

参考URL　**https://ich.unesco.org/en/RL/majlis-a-cultural-and-social-space-01076**

マジリス、文化的・社会的な空間

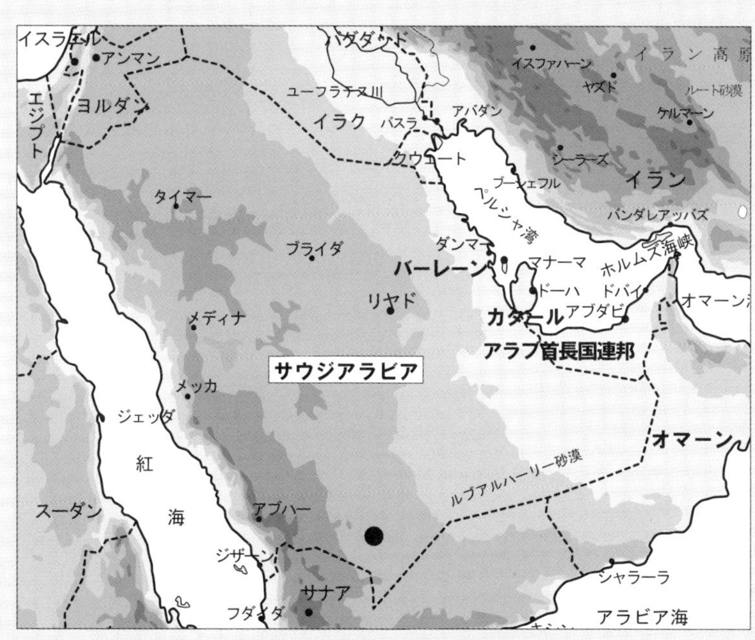

アラルダ・アルナジャー、サウジアラビアの舞踊、太鼓、詩歌

準拠　無形文化遺産の保護に関する条約（略称：無形文化遺産保護条約）

目的　グローバル化により失われつつある多様な文化を守る為、無形文化遺産尊重の意識を向上させ、その保護に関する国際協力を促進する。

登録遺産名　**Alardah Alnajdiyah, dance, drumming and poetry in Saudi Arabia**

人類の無形文化遺産の代表的なリスト（略称：代表リスト）への登録年　2015年

登録遺産の概要　アラルダ・アルナジャー、サウジアラビアの舞踊、太鼓、詩歌は、サウジアラビアの中央部のナジュド地域で行われている、踊り、太鼓、詩、歌を組み合わせた伝統的な文化表現である。アラルダ・アルナジャーは、詩歌を歌う詩人、刀を振り回す演技者、太鼓をたたく人などからなり、家族、地方、国の行事などで演じられ、女性が衣装をデザインし男性が演じる。参加するのに年齢やクラスの障害はなく社会的な結合を強める。アラルダ・アルナジャーの継承は、個人、学校、劇団、近隣で行われる。

分類　口承による伝統及び表現、芸能、社会的慣習、儀式及び祭礼行事、伝統工芸技術

登録基準　「代表リスト」への登録申請にあたっては、次のR.1～R.5までの5つの基準を全て満たさなければならない。

R.1　要素は、条約第2条で定義された無形文化遺産を構成すること。
R.2　要素の登録は、無形文化遺産の認知と重要性の意識の向上が確保され、世界の文化の多様性を反映し、人類の創造性を示す対話が奨励されること。
R.3　要素を保護し促進する保護措置が図られていること。
R.4　要素は、関係するコミュニティー、集団、或は、場合によっては、個人の可能な限り幅広い参加、そして、彼らの自由な、事前説明を受けた上での同意をもって申請されたものであること。
R.5　要素は、条約第11条と第12条で定義された、締約国の領域内にある無形文化遺産の提出目録に含まれていること。

地域　ナジュド地域

参考URL　**https://ich.unesco.org/en/RL/alardah-alnajdiyah-dance-drumming-and-poetry-in-saudi-arabia-01196**

アラルダ・アルナジャー

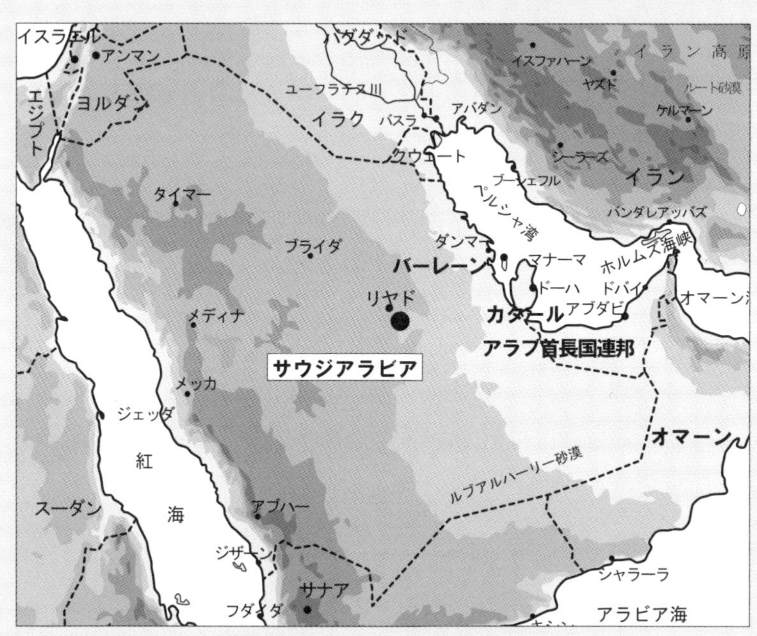
イスラエル
アンマン
バグダッド
イスファハーン
ヤズド
ルート砂漠
ユーフラテス川
エジプト
ヨルダン
イラク
バスラ
アバダン
ケルマーン
クウェート
シーラーズ
ブーシェフル
イラン
タイマー
ペルシャ湾
バンダレアッバズ
ブライダ
バーレーン
マナーマ
ホルムズ海峡
リヤド
ドーハ
ドバイ
メディナ
カタール
アブダビ
アラブ首長国連邦
サウジアラビア
メッカ
ジェッダ
紅
海
オマーン
ルブアルハーリー砂漠
スーダン
アブハー
ジザーン
サナア
シャラーラ
フダイダ
アラビア海

アル・メスマー、ドラムと棒のダンス

準拠　　無形文化遺産の保護に関する条約（略称：無形文化遺産保護条約）

目的　　グローバル化により失われつつある多様な文化を守る為、無形文化遺産尊重の意識を向上させ、その保護に関する国際協力を促進する。

登録遺産名　　**Al Mezmar, drumming and dancing with sticks**

人類の無形文化遺産の代表的なリスト（略称：代表リスト）への登録年　2016年

登録遺産の概要　アル・メスマー、ドラムと棒のダンスは、サウジアラビアの西部、ヒジャズ地域で行われている。アル・メスマーは、ヒジャジ族のメンバーによって、家族や国家の祝祭、宗教的な休日、或は、政府のイベント等の祭事に行われる伝統的なグループ・パーフォーマンスである。15～100人ほどの白い衣装に身をまとった男性が列になったり大きな輪になって、ドラムの合図とともに130cmほどの棒を回しながら踊る。

分類　口承による伝統及び表現、芸能、社会的慣習、儀式及び祭礼行事、伝統工芸技術

登録基準　「代表リスト」への登録申請にあたっては、次のR.1～R.5までの5つの基準を全て満たさなければならない。

R.1　要素は、条約第2条で定義された無形文化遺産を構成すること。
R.2　要素の登録は、無形文化遺産の認知と重要性の意識の向上が確保され、世界の文化の多様性を反映し、人類の創造性を示す対話が奨励されること。
R.3　要素を保護し促進する保護措置が図られていること。
R.4　要素は、関係するコミュニティー、集団、或は、場合によっては、個人の可能な限り幅広い参加、そして、彼らの自由な、事前説明を受けた上での同意をもって申請されたものであること。
R.5　要素は、条約第11条と第12条で定義された、締約国の領域内にある無形文化遺産の提出目録に含まれていること。

地域　ヒジャズ地域

参考URL　**https://ich.unesco.org/en/RL/almezmar-drumming-and-dancing-with-sticks-01011**

アル・メスマー、ドラムと棒のダンス

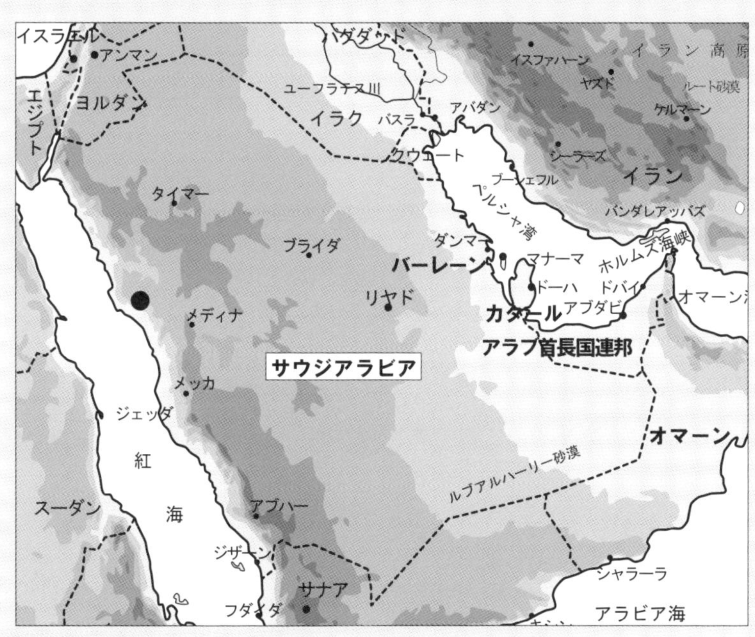

アル・カト アル・アスィーリ、サウジアラビアのアスィール地方の女性の伝統的な内壁装飾

準拠　無形文化遺産の保護に関する条約（略称：無形文化遺産保護条約）

目的　グローバル化により失われつつある多様な文化を守る為、無形文化遺産尊重の意識を向上させ、その保護に関する国際協力を促進する。

登録遺産名　**Al-Qatt Al-Asiri, female traditional interior wall decoration in Asir, Saudi Arabia**

人類の無形文化遺産の代表的なリスト（略称：代表リスト）への登録年　2017年

登録遺産の概要　アル・カト アル・アスィーリ、サウジアラビアのアスィール地方の女性の伝統的な内壁装飾は、サウジアラビアの南部、アスィール地方で広く行われている女性による伝統的な客間の内壁装飾で、この地方のアイデンティティの重要な要素として考えられている古い芸術様式である。女性たちは、幾何学模様や部族のシンボルを描き、明るく刺激的な色のペンキや絵の具で表面を塗ってお客を歓迎する。また、それらの作業を手伝ってもらう為、様々な年齢層の女性の親戚を招待し若い世代に知識やスキルを継承していく。昔は女性だけだったが最近は男女の芸術家、デザイナー、インテリア・デザイナー、建築家へと広がっている。アル・カトは、主にアスィール州の州都のアブハー市と郊外、ハミース・ムシャイト市と郊外などで行われており、コミュニティでの社会的な結束や絆が強くなっている。保護団体は、サウジ遺産保存会(SHPS)である。

分類　自然及び万物に関する知識及び慣習、伝統工芸技術

登録基準　「代表リスト」への登録申請にあたっては、次のR.1～R.5までの5つの基準を全て満たさなければならない。

R.1　要素は、条約第2条で定義された無形文化遺産を構成すること。
R.2　要素の登録は、無形文化遺産の認知と重要性の意識の向上が確保され、世界の文化の多様性を反映し、人類の創造性を示す対話が奨励されること。
R.3　要素を保護し促進する保護措置が図られていること。
R.4　要素は、関係するコミュニティー、集団、或は、場合によっては、個人の可能な限り幅広い参加、そして、彼らの自由な、事前説明を受けた上での同意をもって申請されたものであること。
R.5　要素は、条約第11条と第12条で定義された、締約国の領域内にある無形文化遺産の提出目録に含まれていること。

地域　アスィール地方

参考URL　**https://ich.unesco.org/en/RL/al-qatt-al-asiri-female-traditional-interior-wall-decoration-in-asir-saudi-arabia-01261**

アル・カト アル・アスィーリ

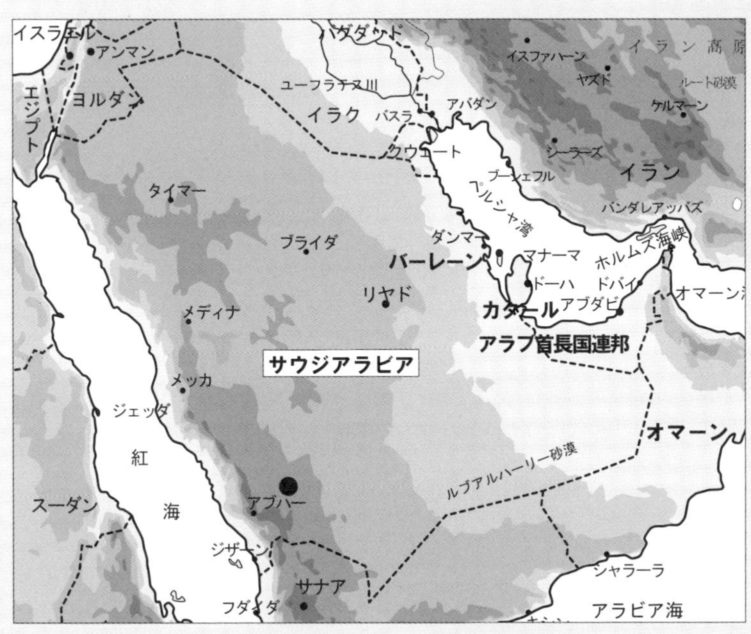

ナツメヤシの知識、技術、伝統及び慣習

準拠　無形文化遺産の保護に関する条約（略称：無形文化遺産保護条約）

目的　グローバル化により失われつつある多様な文化を守る為、無形文化遺産尊重の意識を向上させ、その保護に関する国際協力を促進する。

登録遺産名　**Date palm, knowledge, skills, traditions and practices**

人類の無形文化遺産の代表的なリスト（略称：代表リスト）への登録年　2019年

登録遺産の概要　ナツメヤシの知識、技術、伝統及び慣習は、サウジアラビア、バーレン、エジプト、イラク、ヨルダン、クウェート、モーリタニア、モロッコ、オマーン、パレスチナ、スーダン、チュニジア、アラブ首長国連邦、イエメンのアラブ諸国の各地で行われている。ナツメヤシは、何世紀にもわたって、数多くの関連の工芸、職業、伝統を起こしてきた。担い手たちや従事者は、ナツメヤシ農場のオーナー、植物を育てる農夫、伝統的な関連製品を生産する工芸人たち、ナツメヤシの商人、芸術家、関連した民話や詩の演者などである。ナツメヤシは、厳しい砂漠の環境での生活に直面する人々を助けるのに重要な役割を果たした。ナツメヤシの知識、技術、伝統及び慣習は、何世紀にもわたって、その保護に、地域社会と関わってきた。サウジアラビア、バーレン、エジプト、イラク、ヨルダン、クウェート、モーリタニア、モロッコ、オマーン、パレスチナ、スーダン、チュニジア、アラブ首長国連邦、イエメンとの共同登録である。

分類　口承による伝統及び表現、社会的慣習、儀式及び祭礼行事、
自然及び万物に関する知識及び慣習、伝統工芸技術

登録基準　「代表リスト」への登録申請にあたっては、次のR.1～R.5までの5つの基準を全て満たさなければならない。

R.1　要素は、条約第2条で定義された無形文化遺産を構成すること。
R.2　要素の登録は、無形文化遺産の認知と重要性の意識の向上が確保され、世界の文化の多様性を反映し、人類の創造性を示す対話が奨励されること。
R.3　要素を保護し促進する保護措置が図られていること。
R.4　要素は、関係するコミュニティー、集団、或は、場合によっては、個人の可能な限り幅広い参加、そして、彼らの自由な、事前説明を受けた上での同意をもって申請されたものであること。
R.5　要素は、条約第11条と第12条で定義された、締約国の領域内にある無形文化遺産の提出目録に含まれていること。

地域　アル・カシーム州、アル・ヒジャーズ、マディーナ、アル・リヤード州の各オアシス

参考URL　**https://ich.unesco.org/en/RL/date-palm-knowledge-skills-traditions-and-practices-01902**

ナツメヤシの知識、技術、伝統及び慣習

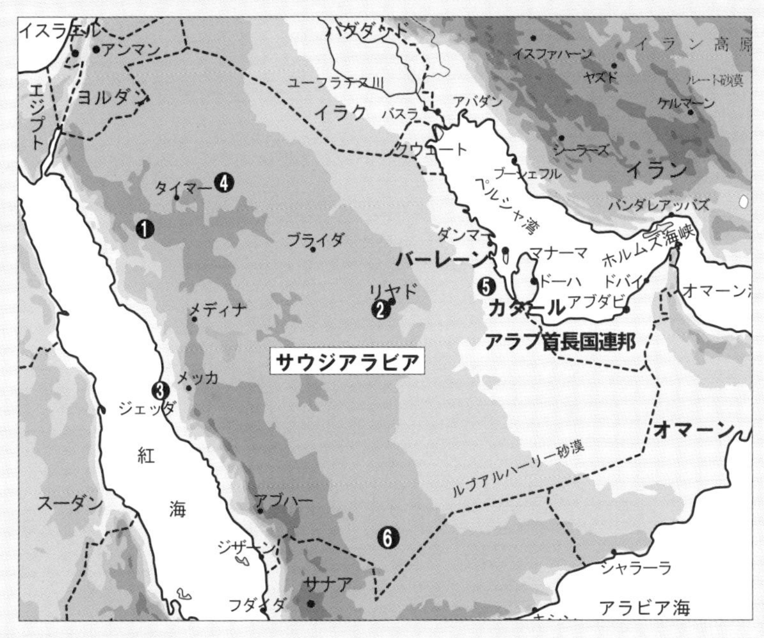

伝統的な織物、アル・サドゥ

準拠　無形文化遺産の保護に関する条約（略称：無形文化遺産保護条約）

目的　グローバル化により失われつつある多様な文化を守る為、無形文化遺産尊重の意識を向上させ、その保護に関する国際協力を促進する。

登録遺産名　**Traditional weaving of Al Sadu**

人類の無形文化遺産の代表的なリスト（略称：代表リスト）への登録年　2020年

登録遺産の概要　伝統的な織物、アル・サドゥとは、アラビア半島や中東のベドウィンの女性たちによって織られる幾何学模様の伝統的な織物や、織物を作るための織機のことをいう。アル・サドゥはアラビア語で「横方向のスタイルで織られた織物」を意味する。「地機（じばた）で織られた経糸によって文様を織り出す平織りの一技法」と説明されており、きつく織られた丈夫な織物であり、伝統的にテントなどの日用品に使用されている。羊毛のほか、ヤギやラクダの毛など、周辺の環境からすぐに手に入る天然繊維が通常用いられる。ベドウィンの織物に見られる模様は、砂漠の環境を反映したシンプルで純粋な形状であり、リズミカルな反復と対称によって流れるように組み合わされた幾何学的なデザインを特徴としている。アル・サドゥとは、地上の機織り機で作られる経糸優位の平織りの一種です。生地は密に織られ、耐久性のある織物ができます。織り手たちは自然環境にある天然繊維を使用します。ベドウィンの織物に見られる模様は、シンプルで純粋な形で砂漠の環境を反映しており、幾何学的なデザインがリズミカルに反復され、対称性があります。また、赤やオレンジなどの鮮やかな色も使用して周囲を明るくします。各織物の美しさは、紡ぎと織りの品質と織り手の技術によって決まります。紡ぎが細いほど、構造とデザインパターンが際立ち、繊細になります。アル・サドゥの主な保持者は、マスター・ウィーバーと呼ばれる年配のベドウィン女性です。マスター・ウィーバーは、関連するスキルを他者に伝える上で重要な役割を果たし、多くの場合家庭内で伝えられます。さらに、協会や教育機関もクラスやワークショップを通じてスキルや知識を伝える上で重要な役割を果たします。現在では、趣味としてまたは販売するためにアル・サドゥを織る人々がいます。アル・サドゥの作品はベドウィン社会における女性の役割の重要性を反映しており、現在ではアル・サドゥは機能的な物品ではなく、伝統と深い文化を示す物品となっています。サウジアラビア／クウェートとの共同登録である。

分類　自然及び万物に関する知識及び慣習、伝統工芸技術

登録基準　「代表リスト」への登録申請にあたっては、次のR.1～R.5までの5つの基準を全て満たさなければならない。

R.1　要素は、条約第2条で定義された無形文化遺産を構成すること。

R.2　要素の登録は、無形文化遺産の認知と重要性の意識の向上が確保され、世界の文化の多様性を反映し、人類の創造性を示す対話が奨励されること。

R.3　要素を保護し促進する保護措置が図られていること。

R.4　要素は、関係するコミュニティー、集団、或は、場合によっては、個人の可能な限り幅広い参加、そして、彼らの自由な、事前説明を受けた上での同意をもって申請されたものであること。

R.5　要素は、条約第11条と第12条で定義された、締約国の領域内にある無形文化遺産の提出目録に含まれていること。

地域　北部のタブーク州とアル・ジョウフ州、中部のアル・カシム州、 東部のアル・ハバル州

参考URL　**https://ich.unesco.org/en/RL/traditional-weaving-of-al-sadu-01586**

アル・サドゥ

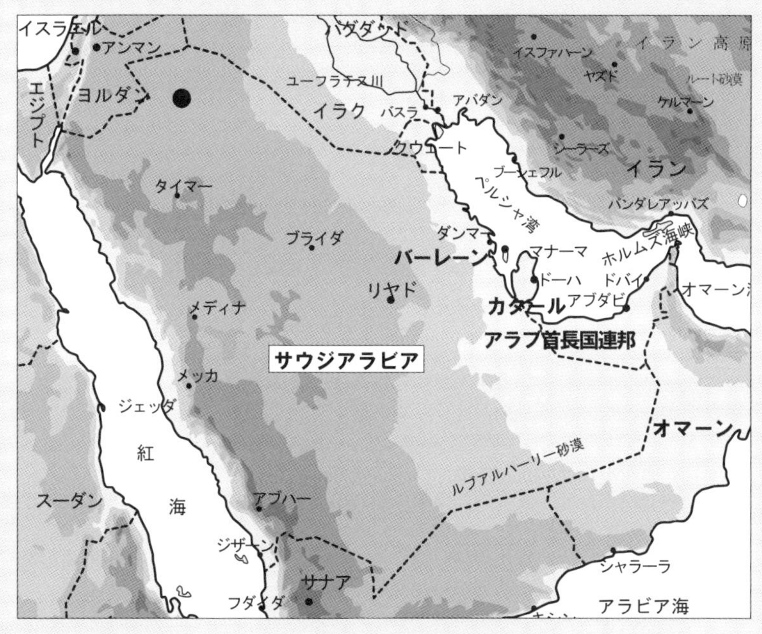
イスラエル
アンマン
エジプト
ヨルダン
バグダッド
ユーフラテス川
イラク
バスラ
アバダン
クウェート
イスファハーン
イラン高原
ヤズド
ルート砂漠
ケルマーン
シーラーズ
イラン
ブーシェフル
ペルシャ湾
バンダレアッバズ
ホルムズ海峡
タイマー
ブライダ
ダンマー
バーレーン
マナーマ
ドーハ
ドバイ
リヤド
アブダビ
カタール
メディナ
アラブ首長国連邦
サウジアラビア
メッカ
ジェッダ
オマーン
紅
海
ルブアルハーリー砂漠
スーダン
アブハー
ジザーン
サナア
フダイダ
シャラーラ
アラビア海

アラビア書道：知識、技術、実践

、
準拠　無形文化遺産の保護に関する条約（略称：無形文化遺産保護条約）

目的　グローバル化により失われつつある多様な文化を守る為、無形文化遺産尊重の意識を向上させ、その保護に関する国際協力を促進する。

登録遺産名　**Arabic calligraphy, knowledge, skills and practices**

人類の無形文化遺産の代表的なリスト（略称：代表リスト）への登録年　2021年

登録遺産の概要　アラビア書道：知識、技術、実践は、サウジアラビア、アルジェリア、バーレン、エジプト、イラク、ヨルダン、クウェート、レバノン、モーリタニア、モロッコ、オマーン、パレスチナ、スーダン、チュニジア、アラブ首長国連邦、 イエメンなどアラブ諸国の各地で行われているアラビア文字を用いて書かれる文字芸術で、イスラム教の聖典コーランの章句を表したその美しい文字は、千年の歳月をかけて洗練されてきた。アラビア文字とは、北セム系統のアラム系アルファベットで、28の子音を表す文字からなり、他のセム文字と同様に、右から左へと書かれる。宗教的なテキストに使われていることの重要性に加え、アラビア書道は、歴史を通してアラビア語が進歩する上で極めて重要な役割を果たしてきた。アラビア書道は、何世紀もの間、アラブ人に誇りと帰属意識が生じさせ、アラブの文化や習慣、宗教的な価値観の伝達と普及に貢献した。また、芸術家やデザイナーが絵画や彫刻、「カリグラフィティ」と呼ばれるグラフィティなど、様々なメディアに取り入れるなど、高い人気を誇っている。イスラム教の各地への広がりと共に、アラビア書道の書体も各地域、年代で多様な形のものが現れ、独自の発展を遂げた。伝統的なアラビア書道は、師匠が弟子を取り、直接伝えるという形で継承されている。サウジアラビア主導で、アラブ教育文化学術機構の監督のもとでアラブ15か国が協力した結果、代表リストへの登録が実現した。わが国にも日本アラビア書道協会がある。サウジアラビア、アルジェリア、バーレン、エジプト、イラク、ヨルダン、クウェート、レバノン、モーリタニア、モロッコ、オマーン、パレスチナ、スーダン、チュニジア、アラブ首長国連邦、 イエメンとの共同登録である。

分類　社会的慣習、儀式及び祭礼行事、伝統工芸技術

登録基準　「代表リスト」への登録申請にあたっては、次のR.1～R.5までの5つの基準を全て満たさなければならない。

R.1　要素は、条約第2条で定義された無形文化遺産を構成すること。
R.2　要素の登録は、無形文化遺産の認知と重要性の意識の向上が確保され、世界の文化の多様性を反映し、人類の創造性を示す対話が奨励されること。
R.3　要素を保護し促進する保護措置が図られていること。
R.4　要素は、関係するコミュニティー、集団、或は、場合によっては、個人の可能な限り幅広い参加、そして、彼らの自由な、事前説明を受けた上での同意をもって申請されたものであること。
R.5　要素は、条約第11条と第12条で定義された、締約国の領域内にある無形文化遺産の提出目録に含まれていること。

地域　全域

参考URL　**https://ich.unesco.org/en/RL/arabic-calligraphy-knowledge-skills-and-practices-01718**

アラビア書道：知識、技術、実践

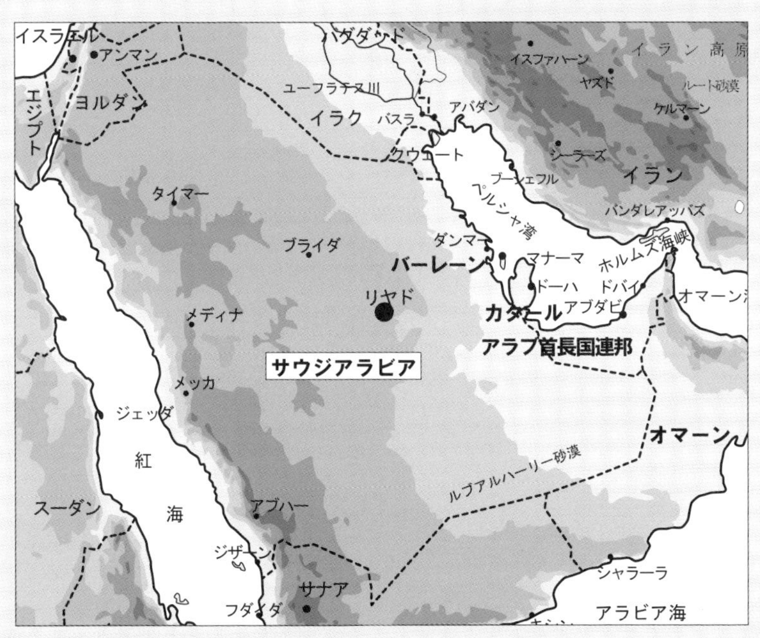

アルヘダー、ラクダの群れを呼ぶ口承

準拠　無形文化遺産の保護に関する条約（略称：無形文化遺産保護条約）

目的　グローバル化により失われつつある多様な文化を守る為、無形文化遺産尊重の意識を向上させ、その保護に関する国際協力を促進する。

登録遺産名　**Alheda'a, oral traditions of calling camel flocks**

人類の無形文化遺産の代表的なリスト（略称：代表リスト）への登録年　2022年

登録遺産の概要　アルヘダー、ラクダの群れを呼ぶ口承は、羊飼いがラクダとコミュニケーションするために使用する、ジェスチャーや楽器を伴った口頭のポリフォニックな表現です。このリズミカルな表現は詩に触発され、羊飼いはラクダが慣れ親しんだ独特の音のレパートリーを使用して、砂漠や牧草地を通って飲み水、餌や搾乳準備のためのエリアに群れを誘導する。アルヘダーは、砂嵐などの直接的な危険がある場合に迅速な集合のためにも使用できます。羊飼いはラクダを訓練して、右と左の違いを認識し、頼まれたら口を開け、乗るためにひざまずくようにする。この実践は、ラクダと羊飼い、そして羊飼い同士の強い絆を築きます。それは家族やコミュニティ内で伝承され、子供たちは大人の家族メンバーと一緒に日々の旅行に同行します。サウジアラビア／オーマン／アラブ首長国連邦との共同登録である。

分類　口承による伝統及び表現、芸能、社会的慣習、儀式及び祭礼行事、
自然及び万物に関する知識及び慣習、伝統工芸技術

登録基準　「代表リスト」への登録申請にあたっては、次のR. 1～R. 5までの5つの基準を全て満たさなければならない。

R. 1　要素は、条約第2条で定義された無形文化遺産を構成すること。
R. 2　要素の登録は、無形文化遺産の認知と重要性の意識の向上が確保され、世界の文化の多様性を反映し、人類の創造性を示す対話が奨励されること。
R. 3　要素を保護し促進する保護措置が図られていること。
R. 4　要素は、関係するコミュニティー、集団、或は、場合によっては、個人の可能な限り幅広い参加、そして、彼らの自由な、事前説明を受けた上での同意をもって申請されたものであること。
R. 5　要素は、条約第11条と第12条で定義された、締約国の領域内にある無形文化遺産の提出目録に含まれていること。

地域　サウジアラビアでは、砂漠地域のほとんどの州、特に、北西部のタブク州、
西部のマッカ州、南西沿岸地域のジャザン、中央地域のハイルとルマ、
東部地域のアル・アハサとハフル・バテン、南東部地域のアル・ルバ・アル・カリ
で行われている。

参考URL　**https://ich.unesco.org/en/RL/alheda-a-oral-traditions-of-calling-camel-flocks-01717**

アルヘダー

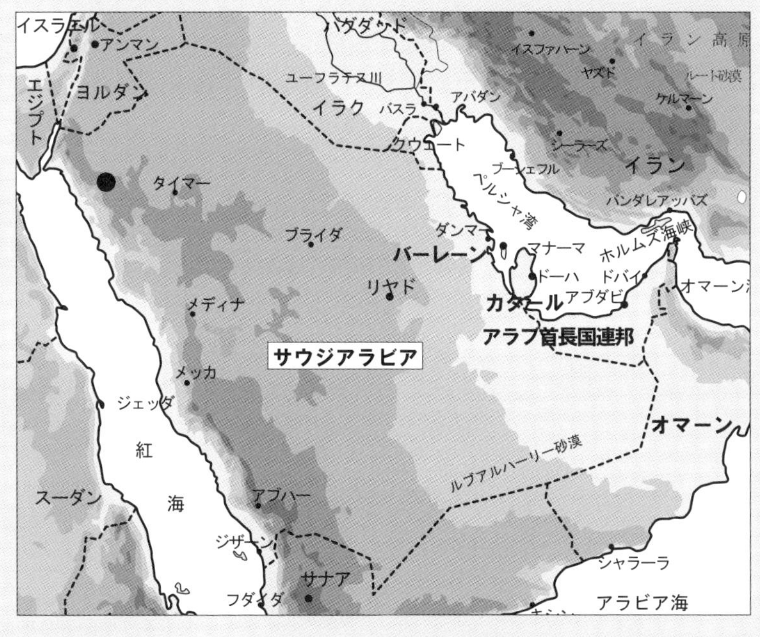
イスラエル
アンマン
エジプト
ヨルダン
バグダッド
イスファハーン
イラン高原
ヤズド
ルート砂漠
ユーフラテス川
イラク
バスラ
アバダン
ケルマーン
クウェート
シーラーズ
ブーシェフル
イラン
ペルシャ湾
タイマー
バンダレアッバス
ダンマーム
ブライダ
ホルムズ海峡
マナーマ
バーレーン
ドーハ
ドバイ
リヤド
カタール
アブダビ
メディナ
アラブ首長国連邦
サウジアラビア
メッカ
ジェッダ
オマーン
紅
海
ルブアルハーリー砂漠
スーダン
アブハー
ジザーン
シャラーラ
サナア
フダイダ
アラビア海

ハウラニ・コーヒー豆の栽培に関する知識と慣習

準拠 無形文化遺産の保護に関する条約（略称：無形文化遺産保護条約）

目的 グローバル化により失われつつある多様な文化を守る為、無形文化遺産尊重の意識を向上させ、その保護に関する国際協力を促進する。

登録遺産名 **Knowledge and practices related to cultivating Khawlani coffee beans**

人類の無形文化遺産の代表的なリスト（略称：代表リスト）への登録年 2022年

登録遺産の概要 ハウラニ・コーヒー豆の栽培に関する知識と慣習は、種を土で満たされたメッシュバッグに植え、3〜4ヶ月間日陰に置いてから、水と土壌を保護する農業用テラスに移植される。果実は植え付けから2〜3年後に成長する。手作業で収穫され、乾燥させられる。豆を抽出するために、乾燥した果実は大きな平らな石臼に置かれ、円筒形の石がそれらを殻付きにして割れるのを防ぎ、豆を外殻から分離する。ハウラニ族は300年以上にわたりコーヒー豆を栽培しており、若い世代に技術と技術を伝えている。コーヒーはサウジアラビアでは寛大さの象徴と見なされ、自分の農場で収穫したコーヒー豆を客に提供することは名誉と尊敬の印とされている。ハウラニ・コーヒー豆の植え付けと加工は社会的な結束を促進し、共有されたアイデンティティの感覚を提供し、農民が知識を交換し、他の農民がスキルを向上させるのを助けるために集まる。

分類 口承による伝統及び表現、社会的慣習、儀式及び祭礼行事、自然及び万物に関する知識及び慣習、伝統工芸技術

登録基準 「代表リスト」への登録申請にあたっては、次のR.1〜R.5までの5つの基準を全て満たさなければならない。

R.1 要素は、条約第2条で定義された無形文化遺産を構成すること。
R.2 要素の登録は、無形文化遺産の認知と重要性の意識の向上が確保され、世界の文化の多様性を反映し、人類の創造性を示す対話が奨励されること。
R.3 要素を保護し促進する保護措置が図られていること。
R.4 要素は、関係するコミュニティー、集団、或は、場合によっては、個人の可能な限り幅広い参加、そして、彼らの自由な、事前説明を受けた上での同意をもって申請されたものであること。
R.5 要素は、条約第11条と第12条で定義された、締約国の領域内にある無形文化遺産の提出目録に含まれていること。

地域 国内の南西部のジーザーン州（アッ・ダイエル・バニ・マリク、アル・アリダ、アル・ライス、ファイファ、アル・エダビ、ハルブ、ベルガジ、アル・ガズワニ、アル・カイシ）の海抜1000m〜1800mの山岳部や渓谷部から、イエメンの北西部に展開する。

参考URL **https://ich.unesco.org/en/RL/knowledge-and-practices-related-to-cultivating-khawlani-coffee-beans-01863**

ハウラニ・コーヒー豆の栽培

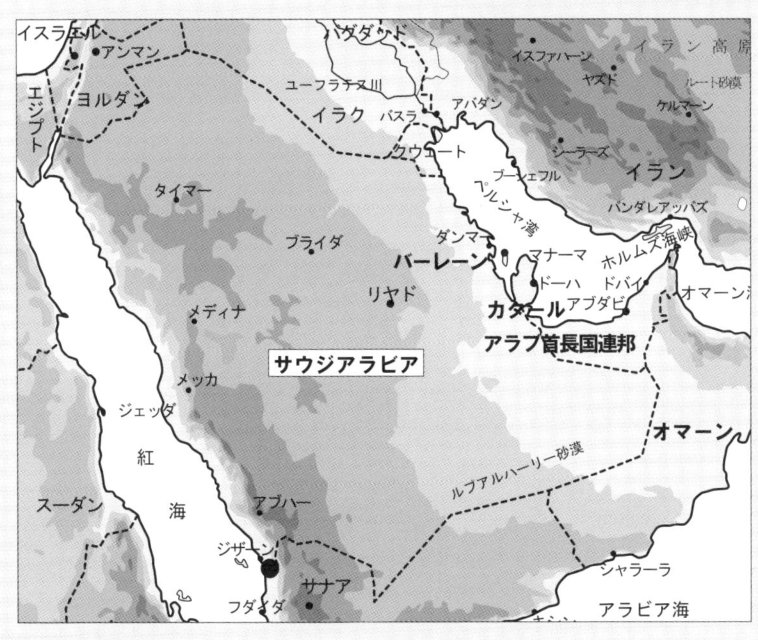

＜参考＞　世界無形文化遺産のキーワード

※http://www.unesco.org/culture/ich/index

- 無形遺産　Intangible Heritage
- 保護　Safeguarding
- 人類、人間　Humanity
- 口承による伝統及び表現　Oral traditions and expressions
- 芸能　Performing arts
- 社会的慣習、儀式及び祭礼行事　Social practices, rituals and festive events
- 自然及び万物に関する知識及び慣習　Knowledge and practices concerning nature and the universe
- 伝統工芸技術　Traditional craftsmanship
- 条約　Convention
- 締約国　State Party
- 事務局　Secretariat
- 運用指示書　Operational Directives
- エンブレム　Emblem
- 倫理原則　Ethical principles
- 登録申請書類の書式　Nomination forms
- 多国間の登録申請　Multi-national nomination
- 定期報告　Periodic reporting
- 総会　General Assembly
- 政府間委員会　Intergovernmental Committee（IGC）
- 認定された非政府組織　Accredited NGO
- 評価　Evaluation
- 非政府組織、機関、専門家　NGO, institutions and experts
- 無形文化遺産　Intangible Cultural Heritage
- 無形遺産リスト　Intangible Heritage Lists
- 緊急保護リスト　Urgent Safeguarding List（USL）
- 代表リスト　Representative List（RL）
- 登録基準　Criteria for inscription
- 文化の多様性　Cultural Diversity
- グッド・プラクティス（好ましい保護の実践事例）　Good Safeguarding Practices
- 選定基準　Criteria for selection
- 啓発　Raising awareness
- 能力形成　Capacity building
- 地域社会　Community
- ファシリテーター（中立的立場での促進者・世話人）　Facilitator
- 国際援助　International Assistance
- 適格性　Eligibility
- 資金提供者とパートナー　Donors and partners
- （役立つ情報）資源　Resources
- 持続可能な発展　Sustainable Development

サウジアラビアの世界の記憶

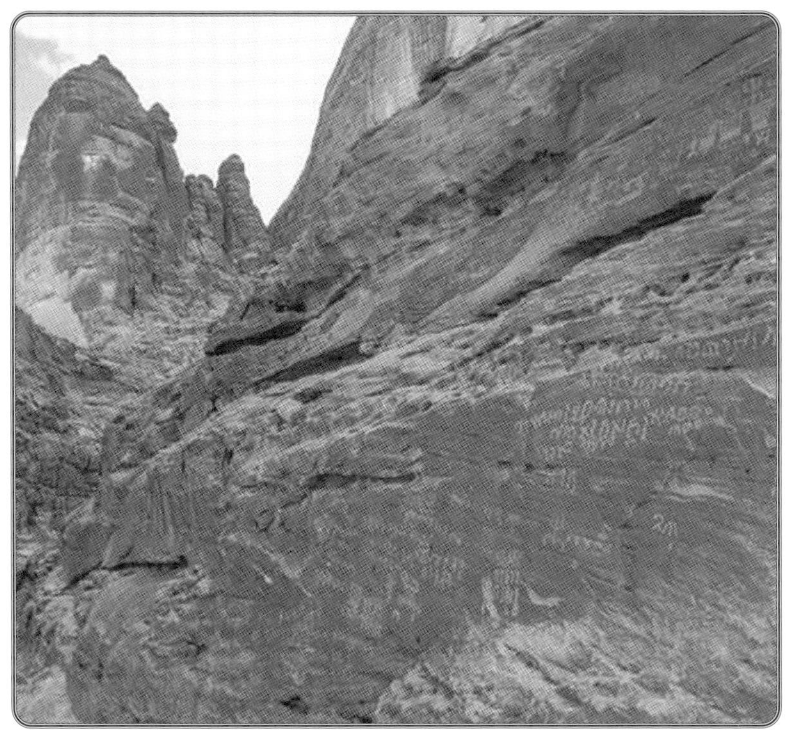

石に刻まれたアラビアの年代記：イクマ山
（Arabian Chronicles in Stone: Jabal Ikmah）
2023年選定
＜所在地＞ アル・ウラー渓谷（メディナ州ヘグラ）

イスラム初期（クーフィー）の碑文

準拠　メモリー・オブ・ザ・ワールド・プログラム（略称：MOW）　1992年

目的　人類の歴史的な文書や記録など、忘却してはならない貴重な記録遺産を登録し、最新のデジタル技術などで保存し、広く公開する。

選定遺産名　Earliest Islamic（Kufic）inscription

世界の記憶への選定年月　2003年

選定遺産の概要　イスラム初期（クーフィー）の碑文は、サウジアラビアの北西部、シャルマの北、アル・ウラのカア・アル・ムアタディルの南にある。赤い砂岩の岩塊にあり、深く刻まれており、非常によく保存されている。赤色の砂岩に彫られた碑文は、アル・ウラの旧市街とヘグラの考古学遺跡とを結ぶ古代の貿易および巡礼路にある。これは、世界で最も早く発見された日付が記載されたアラビア語の碑文であり、イスラム教の第二代カリフ（634年～644年）、オマル・ビン・アル・ハッタブ（Umar ibn al-Khattāb, 592年？～644年11月3日）の死亡日を記載している。

分類　碑文

選定基準
○真正性（Authenticity）、複写、模写、偽造品ではない
○独自性と非代替性（Unique and Irreplaceable）
○年代、場所、人物、題材・テーマ、形式・様式
○希少性（Rarity）
○完全性（integrity）
○脅威（Threat）
○管理計画（Management Plan）

所在地　サウジアラビアの北西、アル・ウラの近隣

参考URL　**https://www.unesco.org/en/memory-world/earliest-islamic-kufic-inscription**

イスラム初期（クーフィー）の碑文

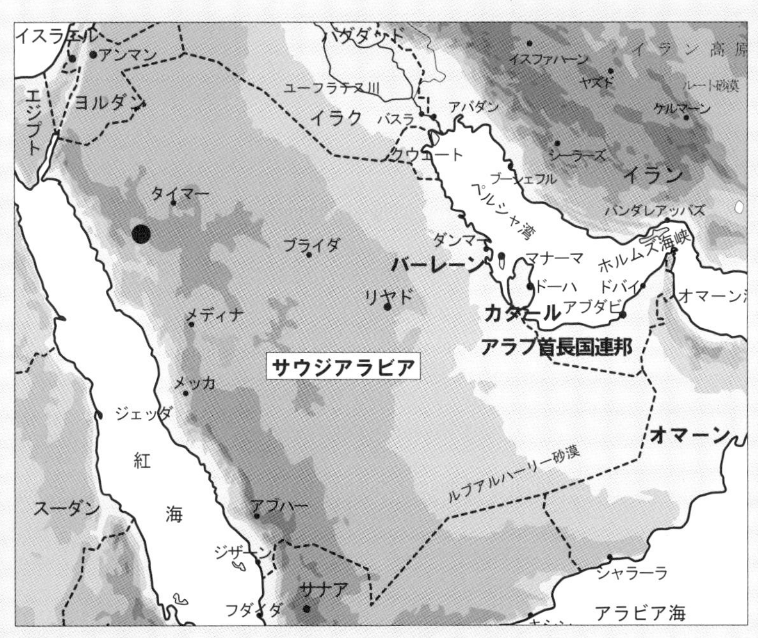

石に刻まれたアラビアの年代記：イクマ山

準拠　メモリー・オブ・ザ・ワールド・プログラム（略称：MOW）　1992年

目的　人類の歴史的な文書や記録など、忘却してはならない貴重な記録遺産を登録し、最新のデジタル技術などで保存し、広く公開する。

選定遺産名　**Arabian Chronicles in Stone: Jabal Ikmah**

世界の記憶への選定年月　2023年

選定遺産の概要　石に刻まれたアラビアの年代記：イクマ山は、サウジアラビアの北西部、アル・ウラの北5km離れた場所にある岩石に刻まれた数世紀前のアラビア語の古代文字の碑文群である。イクマ山の碑文は、先住民によって、山の岩石形成物に広がる広大な野外図書館と見なされている。イクマ山は、文明の交差点であり、ナバタイ王国を建てた古代北アラビアのアラブ系民族のナバタイ人のアラビア語、すなわち、アラム語、ダダニット語、サムディック語、ミナイック語の約300の碑文が最も豊富に集中しており、最大の変化がある。その岩石は、また、アラビア語の最初の形式が刻まれたキャンバスでもあった。このような文書遺産の教育的意義は、地域の言語がアラビア語に進化し、影響を与える方法を研究者が辿ることができるアーカイブとして有用である。また、アラビア語がその進化の初期段階でどのように書かれていたかを示す記録である。

分類　碑文群

選定基準
○真正性（Authenticity）、複写、模写、偽造品ではない
○独自性と非代替性（Unique and Irreplaceable）
○年代、場所、人物、題材・テーマ、形式・様式
○希少性（Rarity）
○完全性（integrity）
○脅威（Threat）
○管理計画（Management Plan）

所在地　アル・ウラー渓谷（メディナ州ヘグラ）

参考URL　**https://www.unesco.org/en/articles/jabal-ikmah-alula-secures-memory-world-status**

石に刻まれたアラビアの年代記：イクマ山

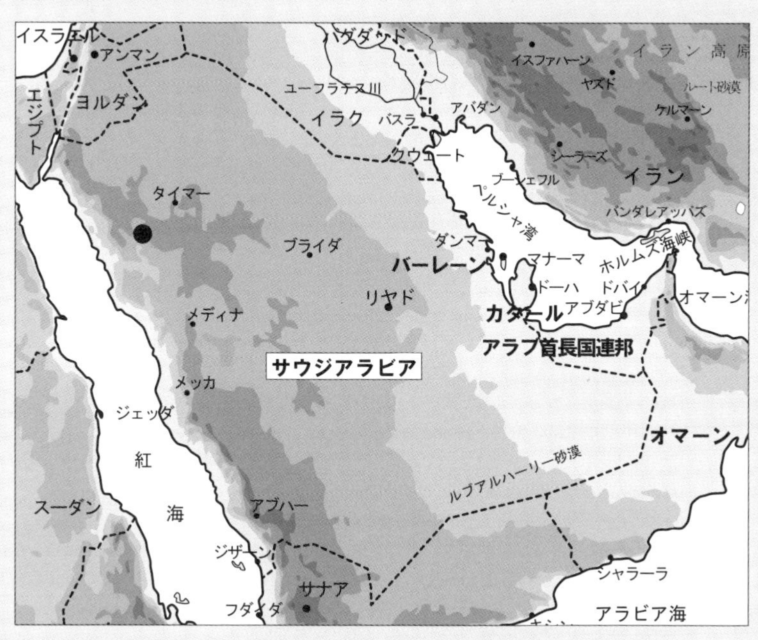

「世界の記憶」関連略語

AMIA	映像アーキビスト協会（Association of Moving Image Archivists）
AOF	フランス領西アフリカ（Afrique occidentale francaise）
ARSC	アメリカ録音収蔵協会（Association of Recorded Sound Collections）
ATD	あらゆる窮迫状態への支援（Aide a Toute detresse）
CCAAA	視聴覚アーカイヴ協会調整協議会（Coordinating Council of Audiovisual Archive Associations）
CITRA	国際公文書館円卓会議（Confereace International de la Table rounde des Archives）
C２C	カテゴリー2センター（Category 2 Centre）
COF	クリストファー・オキボ財団（Christopher Okigbo Foundation）
FIAF	国際フィルム・アーカイヴ連盟（International Federation of Film Archives）
FIAT/IFTA	国際テレビアーカイヴ機構（International Federation of Television Archives）
FID	国際ドキュメンテーション連盟（International Federation for Documentation）
FIDA	国際アーカイヴス開発基金（Fund for the International Development of Archives）
IAC	国際諮問委員会（International Advisory Committee）
IAML	国際音楽資料情報協会（International Association of Music Librarians）
IASA	国際音声・視聴覚アーカイヴ協会（International Association of Sound and Audiovisual Archives）
IAC	国際諮問委員会（International Advisory Committee）
ICA	国際公文書館会議（International Council on Archives）
ICAIC	キューバ映画芸術産業庁（Instituto Cubano de Artee Industria Cinematograficos）
ICCROM	文化財保存修復研究国際センター（International Centre for Conservation in Rome）
ICDH	国際記録遺産センター（International Center for Documentary Heritage）
ICLM	国際文学博物館会議（International Committee for Literary Museums）
ICRC	赤十字国際委員会（International Committee of the Red Cross）
ICOM	国際博物館会議（International Council of Museums）
IFLA	国際図書館連盟（International Federation of Library Associations and Institutions）
IGO	政府間組織（Intergovernmental Organization）
IIC	文化財保存国際研究所（International Institute for Conservation of Historic and Artistic Works）
ISO	国際標準化機構（International Organization for Standardization）
ITS	インターナショナル・トレーシング・サービス（International Tracing Service）
MOW	「世界の記憶」（Memory of the World）
MOWCAP	「世界の記憶」プログラム アジア・太平洋地域委員会 （Asia/Pacific Regional Committee for the Memory of the World Program）
MOWLAC	「世界の記憶」プログラム ラテンアメリカ・カリブ地域委員会 （Latin America/Caribbean Regional Committee for the Memory of the World Program）
NGO	非政府組織（Non-Government Organisation）
SEAPAVAA	東南アジア太平洋地域視聴覚アーカイヴ連合（Southeast Asia-Pacific Audiovisual Archive Association）
UNESCO	国連教育科学文化機関（UNESCO＝United Nations Educational, Scientific and Cultural Organization）
UNRWA	国連パレスチナ難民救済事業機関（The United Nations Relief and Works Agency）
WDL	世界電子図書館（World Digital Library）
WFD	世界ろう連盟（World Federation of the Deaf）

世界遺産、世界無形文化遺産、世界の記憶の比較

ヘグラの考古遺跡（アル・ヒジュル/マダイン・サーレハ）
（Hegra Archaeological Site (al-Hijr / Madāʾin Ṣāliḥ)）
文化遺産（登録基準(ii) (iii)）
2008年／2021年

世界遺産、世界無形文化遺産、世界の記憶の比較

	世　界　遺　産	世界無形文化遺産	世界の記憶
準　拠	世界の文化遺産および自然遺産の保護に関する条約 （略称 ： 世界遺産条約）	無形文化遺産の保護に関する条約 （略称：無形文化遺産保護条約）	メモリー・オブ・ザ・ワールド・プログラム（略称：MOW） ＊条約ではない
採択・開始	1972年	2003年	1992年
目　的	かけがえのない遺産をあらゆる脅威や危険から守る為に、その重要性を広く世界に呼びかけ、保護・保全の為の国際協力を推進する。	グローバル化により失われつつある多様な文化を守るため、無形文化遺産尊重の意識を向上させ、その保護に関する国際協力を促進する。	人類の歴史的な文書や記録など、忘却してはならない貴重な記録遺産を登録し、最新のデジタル技術などで保存し、広く公開する。
対　象	有形の不動産 （文化遺産、自然遺産）	文化の表現形態 ・口承及び表現 ・芸能 ・社会的慣習、儀式及び祭礼行事 ・自然及び万物に関する知識及び慣習 ・伝統工芸技術	・文書類（手稿、写本、書籍等） ・非文書類（映画、音楽、地図等） ・視聴覚類（映画、写真、ディスク等） ・その他　記念碑、碑文など
登録申請	各締約国（195か国） 2023年10月現在	各締約国（180か国） 2023年10月現在	国、地方自治体、団体、個人など
審議機関	世界遺産委員会 （委員国21か国）	無形文化遺産委員会 （委員国24か国）	ユネスコ事務局長 ↑ 国際諮問委員会
審査評価機関	NGOの専門機関 （ICOMOS, ICCROM, IUCN） 現地調査と書類審査	無形文化遺産委員会の評価機関 6つの専門機関と6人の専門家で構成	国際諮問委員会の補助機関　登録分科会 専門機関 （IFLA, ICA, ICAAA, ICOM などのNGO）
リスト	世界遺産リスト　（1199件） うちサウジ　（7件）	人類の無形文化遺産の代表的なリスト　（567件） うちサウジ　（11件）	世界の記憶リスト　（494件） うちサウジ　（2件）
登録基準	必要条件 ：10の基準のうち、1つ以上を完全に満たすこと。 顕著な普遍的価値	必要条件 ： 5つの基準を全て満たすこと。 コミュニティへの社会的な役割と文化的な意味	必要条件：5つの基準のうち、1つ以上の世界的な重要性を満たすこと。 世界史上重要な文書や記録
危機リスト	危機にさらされている世界遺産リスト （略称：危機遺産リスト）　（56件）	緊急に保護する必要がある無形文化遺産のリスト （76件）	ー
基　金	世界遺産基金	無形文化遺産保護基金	世界の記憶基金
事務局	ユネスコ世界遺産センター	ユネスコ文化局無形遺産課	ユネスコ情報・コミュニケーション局 知識社会部ユニバーサルアクセス・保存課
指　針	オペレーショナル・ガイドラインズ （世界遺産条約履行の為の作業指針）	オペレーショナル・ディレクティブス （無形文化遺産保護条約履行の為の運用指示書）	ジェネラル・ガイドラインズ （記録遺産保護の為の一般指針）
サウジの窓口	外務省、文化省 環境・水・農業省	外務省、文化省	文化省

	世界遺産	世界無形文化遺産	世界の記憶
代表例	<自然遺産> ○ キリマンジャロ国立公園（タンザニア） ○ グレート・バリア・リーフ（オーストラリア） ○ グランド・キャニオン国立公園（米国） ○ ガラパゴス諸島（エクアドル） <文化遺産> ● アンコール（カンボジア） ● タージ・マハル（インド） ● 万里の長城（中国） ● モン・サン・ミッシェルとその湾（フランス） ● ローマの歴史地区（イタリア・ヴァチカン） <複合遺産> ◎ チャンアン景観遺産群（ヴェトナム） ◎ トンガリロ国立公園（ニュージーランド） ◎ マチュ・ピチュの歴史保護区（ペルー） など	▣ジャマ・エル・フナ広場の文化的空間（モロッコ） ▣ベドウィン族の文化空間（ヨルダン） ▣ヨガ（インド） ▣カンボジアの王家の舞踊（カンボジア） ▣ヴェトナムの宮廷音楽、ニャー・ニャック（ヴェトナム） ▣イフガオ族のフドフド詠歌（フィリピン） ▣端午節（中国） ▣江陵端午祭（カンルンタノジュ）（韓国） ▣コルドバのパティオ祭り（スペイン） ▣フランスの美食（フランス） ▣ドゥブロヴニクの守護神聖ブレイズの祝祭（クロアチア） など	◎アンネ・フランクの日記（オランダ） ◎ゲーテ・シラー資料館のゲーテの直筆の文学作品（ドイツ） ◎ブラームスの作品集（オーストリア） ◎朝鮮王朝実録（韓国） ◎オランダの東インド会社の記録文書（インドネシア） ◎解放闘争の生々しいアーカイヴ・コレクション（南アフリカ） ◎エレノア・ルーズベルト文書プロジェクトの常設展（米国） ◎ヴァスコ・ダ・ガマのインドへの最初の航海史1497～1499年（ポルトガル） など
サウジアラビア関係	（7件） <自然遺産> ○ ウルク・バニ・マアリッド <文化遺産> ● ヘグラの考古遺跡（アル・ヒジュル／マダイン・サーレハ） ● ディライーヤのツライフ地区 ● 歴史都市ジェッダ、メッカへの門 ● サウジアラビアのハーイル地方の岩絵 ● アハサー・オアシス、進化する文化的景観 ● ヒマーの文化地域	（11件） ▣鷹狩り、生きた人間の遺産 ▣アラビア・コーヒー、寛容のシンボル ▣マジリス、文化的・社会的な空間 ▣アラルダ・アルナジャー、サウジアラビアの舞踊、太鼓、詩歌 ▣アル・メスマー、ドラムと棒のダンス ▣アル・カト アル・アスィーリ、サウジアラビアのアスィール地方の女性の伝統的な内壁装飾 ▣ナツメヤシの知識、技術、伝統及び慣習 ▣伝統的な織物、アル・サドゥ ▣アラビア書道：知識、技術及び慣習 ▣アルヘダー、ラクダの群れを呼ぶ口承 ハウラニ・コーヒー豆の栽培に関する知識と慣習	（2件） ◎イスラム初期（クーフィー）の碑文 ◎石に刻まれたアラビアの年代記：イクマ山

比較

〈著者プロフィール〉

古田 陽久（ふるた・はるひさ FURUTA Haruhisa）
世界遺産総合研究所 所長

1951年広島県生まれ。1974年慶応義塾大学経済学部卒業、1990年シンクタンクせとうち総合研究機構を設立。アジアにおける世界遺産研究の先覚・先駆者の一人で、「世界遺産学」を提唱し、1998年世界遺産総合研究所を設置、所長兼務。毎年の世界遺産委員会や無形文化遺産委員会などにオブザーバー・ステータスで参加、中国杭州市での「首届中国大運河国際高峰論壇」、クルーズ船「にっぽん丸」、三鷹国際交流協会の国際理解講座、日本各地の青年会議所（JC）での講演など、その活動を全国的、国際的に展開している。これまでにイタリア、中国、スペイン、フランス、ドイツ、インド、メキシコ、英国、ロシア連邦、アメリカ合衆国、ブラジル、オーストラリア、ギリシャ、カナダ、トルコ、ポルトガル、ポーランド、スウェーデン、ベルギー、韓国、スイス、チェコ、ペルー、キューバ、サウジアラビアなど69か国、約300の世界遺産地を訪問している。
HITひろしま観光大使（広島県観光連盟）、防災士（日本防災士機構）現在、広島市佐伯区在住。

【専門分野】 世界遺産制度論、世界遺産論、自然遺産論、文化遺産論、危機遺産論、地域遺産論、日本の世界遺産、世界無形文化遺産、世界の記憶、世界遺産と教育、世界遺産と観光、世界遺産と地域づくり・まちづくり

【著書】「世界の世界の記憶60」（幻冬舎）、「世界遺産データ・ブック」、「世界無形文化遺産データ・ブック」、「世界の記憶データ・ブック」（世界世界の記憶データブック）、「誇れる郷土データ・ブック」、「世界遺産ガイド」シリーズ、「ふるさと」「誇れる郷土」シリーズなど多数。

【執筆】 連載「世界遺産への旅」、「世界世界の記憶の旅」、日本政策金融公庫調査月報「連載『データで見るお国柄』」、「世界遺産を活用した地域振興ー『世界遺産基準』の地域づくり・まちづくりー」（月刊「地方議会人」）、中日新聞・東京新聞サンデー版「大図解危機遺産」、「現代用語の基礎知識2009」（自由国民社）世の中ペディア「世界遺産」など多数。

【テレビ出演歴】 TBSテレビ「あさチャン！」、「ひるおび」、「NEWS23」、テレビ朝日「モーニングバード」、「やじうまテレビ」、「ANNスーパーJチャンネル」、日本テレビ「スッキリ!!」、フジテレビ「めざましテレビ」、「スーパーニュース」、「とくダネ!」、NHK福岡「ロクいち！」、テレビ岩手「ニュースプラス１いわて」など多数。
【ホームページ】「世界遺産と総合学習の杜」http://www.wheritage.net/

世界遺産ガイド ーサウジアラビア編ー

2023年（令和5年）11月20日　初版 第1刷

著　　者　古 田 陽 久
企画・編集　世界遺産総合研究所
発　　行　シンクタンクせとうち総合研究機構 ©
〒731-5113
広島市佐伯区美鈴が丘緑三丁目4番3号
TEL＆FAX　082-926-2306
電子メール　wheritage@tiara.ocn.ne.jp
インターネット　http://www.wheritage.net
出版社コード　86200

Complied and Printed in Japan, 2023　ISBN978-4-86200-270-9 C1520 Y2500E

発行図書のご案内

世界遺産シリーズ

世界遺産データ・ブック 2023年版 新刊	978-4-86200-265-5 本体 2727円 2023年3月発行 最新のユネスコ世界遺産1157物件の全物件名と登録基準、位置を掲載。ユネスコ世界遺産の概要も充実。世界遺産学習の上での必携の書。
世界遺産事典ー1157全物件プロフィールー 2023改訂版 新刊	978-4-86200-264-8 本体3000円 2023年3月発行 世界遺産1157物件の全物件プロフィールを収録。 2023改訂版
世界遺産キーワード事典 2020改訂版 新刊	978-4-86200-241-9 本体 2600円 2020年7月発行 世界遺産に関連する用語の紹介と解説
世界遺産マップスー地図で見るユネスコの世界遺産ー 2023改訂版 新刊	978-4-86200-263-1 本体 2727円 2023年2月発行 世界遺産1157物件の位置を地域別・国別に整理
世界遺産ガイドー世界遺産条約採択40周年特集ー	978-4-86200-172-6 本体 2381円 2012年11月発行 世界遺産の40年の歴史を特集し、持続可能な発展を考える。
世界遺産フォトス ー写真で見るユネスコの世界遺産ー 世界遺産の多様性を写真資料で学ぶ。	4-916208-22-6 本体 1905円 1999年8月発行
世界遺産フォトス 第2集ー多様な世界遺産ー	4-916208-50-1 本体 2000円 2002年1月発行
世界遺産フォトス 第3集ー海外と日本の至宝100の記憶ー	978-4-86200-148-1 本体 2381円 2010年1月発行
世界遺産入門ー平和と安全な社会の構築ー	978-4-86200-191-7 本体 2500円 2015年5月発行 世界遺産を通じて「平和」と「安全」な社会の大切さを学ぶ
世界遺産学入門ーもっと知りたい世界遺産ー	4-916208-52-8 本体 2000円 2002年2月発行 新しい学問としての「世界遺産学」の入門書
世界遺産学のすすめー世界遺産が地域を拓くー	4-86200-100-9 本体 2000円 2005年4月発行 普遍的価値を顕す世界遺産が、閉塞した地域を拓く
世界遺産概論＜上巻＞＜下巻＞ 世界遺産の基礎的事項をわかりやすく解説	上巻 978-4-86200-116-0 2007年1月発行 下巻 978-4-86200-117-7 本体 各 2000円
世界遺産ガイド ーユネスコ遺産の基礎知識ー2023改訂版 新刊	978-4-86200-267-9 本体 2727円 2023年8月発行 混同しやすいユネスコ三大遺産の違いを明らかにする
世界遺産ガイドー世界遺産条約編ー	4-916208-34-X 本体 2000円 2000年7月発行 世界遺産条約を特集し、条約の趣旨や目的などポイントを解説
世界遺産ガイド ー世界遺産条約とオペレーショナル・ガイドラインズ編ー	978-4-86200-128-3 本体 2000円 2007年12月発行 世界遺産条約とその履行の為の作業指針について特集する
世界遺産ガイドー世界遺産の基礎知識編ー 2009改訂版	978-4-86200-132-0 本体 2000円 2008年10月発行 世界遺産の基礎知識をQ&A形式で解説
世界遺産ガイドー図表で見るユネスコの世界遺産編ー	4-916208-89-7 本体 2000円 2004年12月発行 世界遺産をあらゆる角度からグラフ、図表、地図などで読む
世界遺産ガイドー情報所在源編ー	4-916208-84-6 本体 2000円 2004年1月発行 世界遺産に関連する情報所在源を各国別、物件別に整理
世界遺産ガイドー自然遺産編ー 2020改訂版 新刊	978-4-86200-234-1 本体 2600円 2020年4月発行 ユネスコの自然遺産の全容を紹介
世界遺産ガイドー文化遺産編ー 2020改訂版 新刊	978-4-86200-235-8 本体 2600円 2020年4月発行 ユネスコの文化遺産の全容を紹介
世界遺産ガイドー文化遺産編ー 1. 遺跡	4-916208-32-3 本体 2000円 2000年8月発行
世界遺産ガイドー文化遺産編ー 2. 建造物	4-916208-33-1 本体 2000円 2000年9月発行
世界遺産ガイドー文化遺産編ー 3. モニュメント	4-916208-35-8 本体 2000円 2000年10月発行
世界遺産ガイドー文化遺産編ー 4. 文化的景観	4-916208-53-6 本体 2000円 2002年1月発行
世界遺産ガイドー複合遺産編ー 2020改訂版 新刊	978-4-86200-236-5 本体 2600円 2020年4月発行 ユネスコの複合遺産の全容を紹介
世界遺産ガイドー危機遺産編ー 2020改訂版 新刊	978-4-86200-237-2 本体 2600円 2020年4月発行 ユネスコの危機遺産の全容を紹介
世界遺産ガイドー文化の道編ー	978-4-86200-207-5 本体 2500円 2016年12月発行 世界遺産に登録されている「文化の道」を特集
世界遺産ガイドー文化的景観編ー	978-4-86200-150-4 本体 2381円 2010年4月発行 文化的景観のカテゴリーに属する世界遺産を特集
世界遺産ガイドー複数国にまたがる世界遺産編ー	978-4-86200-151-1 本体 2381円 2010年6月発行 複数国にまたがる世界遺産を特集

世界遺産ガイドー日本編ー 2023改訂版 新刊	978-4-86200-266-2 本体 2727円 2023年5月発行 日本にある世界遺産、暫定リストを特集
日本の世界遺産 ー東日本編ー ー西日本編ー	978-4-86200-130-6 本体 2000円 2008年2月発行 978-4-86200-131-3 本体 2000円 2008年2月発行
世界遺産ガイドー日本の世界遺産登録運動ー	4-86200-108-4 本体 2000円 2005年12月発行 暫定リスト記載物件はじめ世界遺産登録運動の動きを特集
世界遺産ガイドー世界遺産登録をめざす富士山編ー	978-4-86200-153-5 本体 2381円 2010年11月発行 富士山を世界遺産登録する意味と意義を考える
世界遺産ガイドー北東アジア編ー	4-916208-87-0 本体 2000円 2004年3月発行 北東アジアにある世界遺産を特集、国の概要も紹介
世界遺産ガイドー朝鮮半島にある世界遺産ー	4-86200-102-5 本体 2000円 2005年7月発行 朝鮮半島にある世界遺産、暫定リスト、無形文化遺産を特集
世界遺産ガイドー中国編ー 2010改訂版	978-4-86200-139-9 本体 2381円 2009年10月発行 中国にある世界遺産、暫定リストを特集
世界遺産ガイドーモンゴル編ー 新刊	978-4-86200-233-4 本体 2500円 2019年12月発行 モンゴルにあるユネスコ遺産を特集
世界遺産ガイドー東南アジア諸国編ー 新刊	978-4-86200-262-4 本体 3500円 2023年1月発行 東南アジア諸国にあるユネスコ遺産を特集
世界遺産ガイドーネパール・インド・スリランカ編ー	978-4-86200-221-1 本体 2500円 2018年11月発行 ネパール・インド・スリランカにある世界遺産を特集
世界遺産ガイドーオーストラリア編ー	4-86200-115-7 本体 2000円 2006年5月発行 オーストラリアにある世界遺産を特集、国の概要も紹介
世界遺産ガイドー中央アジアと周辺諸国編ー	4-916208-63-3 本体 2000円 2002年8月発行 中央アジアと周辺諸国にある世界遺産を特集
世界遺産ガイドーサウジアラビア編ー 新刊	4-86200-270-9 本体 2500円 2023年11月発行 サウジアラビアにある世界遺産等を特集
世界遺産ガイドー知られざるエジプト編ー	978-4-86200-152-8 本体 2381円 2010年6月発行 エジプトにある世界遺産、暫定リスト等を特集
世界遺産ガイドーアフリカ編ー	4-916208-27-7 本体 2000円 2000年3月発行 アフリカにある世界遺産を特集
世界遺産ガイドーイタリア編ー	4-86200-109-2 本体 2000円 2006年1月発行 イタリアにある世界遺産、暫定リストを特集
世界遺産ガイドースペイン・ポルトガル編ー	978-4-86200-158-0 本体 2381円 2011年1月発行 スペインとポルトガルにある世界遺産を特集
世界遺産ガイドー英国・アイルランド編ー	978-4-86200-159-7 本体 2381円 2011年3月発行 英国とアイルランドにある世界遺産等を特集
世界遺産ガイドーフランス編ー	978-4-86200-160-3 本体 2381円 2011年5月発行 フランスにある世界遺産、暫定リストを特集
世界遺産ガイドードイツ編ー	4-86200-101-7 本体 2000円 2005年6月発行 ドイツにある世界遺産、暫定リストを特集
世界遺産ガイドーロシア編ー	978-4-86200-166-5 本体 2381円 2012年4月発行 ロシアにある世界遺産等を特集
世界遺産ガイドーウクライナ編ー 新刊	978-4-86200-260-0 本体 2600円 2022年3月発行 ウクライナにある世界遺産等を特集
世界遺産ガイドーコーカサス諸国編ー 新刊	978-4-86200-227-3 本体 2500円 2019年6月発行 コーカサス諸国にある世界遺産等を特集
世界遺産ガイドーアメリカ合衆国編ー 新刊	978-4-86200-214-3 本体 2500円 2018年1月発行 アメリカ合衆国にあるユネスコ遺産等を特集
世界遺産ガイドーメキシコ編ー	978-4-86200-202-0 本体 2500円 2016年8月発行 メキシコにある世界遺産等を特集
世界遺産ガイドーカリブ海地域編ー 新刊	4-86200-226-6 本体 2600円 2019年5月発行 カリブ海地域にある主な世界遺産を特集
世界遺産ガイドー中米編ー	4-86200-81-1 本体 2000円 2004年2月発行 中米にある主な世界遺産を特集
世界遺産ガイドー南米編ー	4-86200-76-5 本体 2000円 2003年9月発行 南米にある主な世界遺産を特集

世界遺産ガイド－地形・地質編－	978-4-86200-185-6 本体 2500円 2014年5月発行 世界自然遺産のうち、代表的な「地形・地質」を紹介
世界遺産ガイド－生態系編－	978-4-86200-186-3 本体 2500円 2014年5月発行 世界自然遺産のうち、代表的な「生態系」を紹介
世界遺産ガイド－自然景観編－	4-916208-86-2 本体 2000円 2004年3月発行 世界自然遺産のうち、代表的な「自然景観」を紹介
世界遺産ガイド－生物多様性編－	4-916208-83-8 本体 2000円 2004年1月発行 世界自然遺産のうち、代表的な「生物多様性」を紹介
世界遺産ガイド－自然保護区編－	4-916208-73-0 本体 2000円 2003年5月発行 自然遺産のうち、自然保護区のカテゴリーにあたる物件を特集
世界遺産ガイド－国立公園編－	4-916208-58-7 本体 2000円 2002年5月発行 ユネスコ世界遺産のうち、代表的な国立公園を特集
世界遺産ガイド－名勝・景勝地編－	4-916208-41-2 本体 2000円 2001年3月発行 ユネスコ世界遺産のうち、代表的な名勝・景勝地を特集
世界遺産ガイド－歴史都市編－	4-916208-64-1 本体 2000円 2002年9月発行 ユネスコ世界遺産のうち、代表的な歴史都市を特集
世界遺産ガイド－都市・建築編－	4-916208-39-0 本体 2000円 2001年2月発行 ユネスコ世界遺産のうち、代表的な都市・建築を特集
世界遺産ガイド－産業・技術編－	4-916208-40-4 本体 2000円 2001年3月発行 ユネスコ世界遺産のうち、産業・技術関連遺産を特集
世界遺産ガイド－産業遺産編－保存と活用	4-86200-103-3 本体 2000円 2005年4月発行 ユネスコ世界遺産のうち、各産業分野の遺産を特集
世界遺産ガイド－19世紀と20世紀の世界遺産編－	4-916208-56-0 本体 2000円 2002年7月発行 激動の19世紀、20世紀を代表する世界遺産を特集
世界遺産ガイド－宗教建築物編－	4-916208-72-2 本体 2000円 2003年6月発行 ユネスコ世界遺産のうち、代表的な宗教建築物を特集
世界遺産ガイド－仏教関連遺産編 新刊	4-86200-223-5 本体 2600円 2019年2月発行 ユネスコ世界遺産のうち仏教関連遺産を特集
世界遺産ガイド－歴史的人物ゆかりの世界遺産編－	4-916208-57-9 本体 2000円 2002年9月発行 歴史的人物にゆかりの深いユネスコ世界遺産を特集
世界遺産ガイド－人類の負の遺産と復興の遺産編－	978-4-86200-173-3 本体 2000円 2013年2月発行 世界遺産から人類の負の遺産と復興の遺産を学ぶ
世界遺産ガイド－未来への継承編 新刊	4-916208-242-6 本体 3500円 2020年10月発行 2022年の「世界遺産条約採択50周年」に向けて
ユネスコ遺産ガイド－世界編－ 総合版 新刊	4-916208-255-6 本体 3500円 2022年2月発行 世界のユネスコ遺産を特集
ユネスコ遺産ガイド－日本編－ 総集版 新刊	4-916208-250-1 本体 3500円 2021年4月発行 日本のユネスコ遺産を特集

世界の文化シリーズ

世界遺産の無形版といえる「世界無形文化遺産」についての希少な書籍

世界無形文化遺産データ・ブック 2023年版 新刊	978-4-86200-269-3 本体 2727円 2023年9月 世界無形文化遺産の仕組みや登録されているものを地域別・国別に整理。
世界無形文化遺産事典 2022年版 新刊	978-4-86200-258-7 本体 2727円 2022年3月 世界無形文化遺産の概要を、地域別・国別・登録年順に掲載。

世界の記憶シリーズ

ユネスコのプログラム「世界の記憶」の全体像を明らかにする

世界の記憶データ・ブック 2023年版 新刊	978-4-86200-268-6 本体 3000円 2023年8月発行 ユネスコ三大遺産事業の一つ「世界の記憶」の仕組みや494件の世界の記憶など、プログラムの全体像を明らかにする。

ふるさとシリーズ

誇れる郷土データ・ブック 新刊 ーコロナ後の観光振興ー2022年版	978-4-86200-261-7 本体2727円 2022年6月発行 ユネスコ遺産（世界遺産、世界無形文化遺産、世界の記憶）を活用した観光振興策を考える。「訪れてほしい日本の誇れる景観」も特集。
誇れる郷土データ・ブック ー世界遺産と令和新時代の観光振興ー2020年版	978-4-86200-231-0 本体2500円 2019年12月発行 令和新時代の観光振興につながるユネスコの世界遺産、世界無形文化遺産、世界の記憶、それに日本遺産などを整理。
誇れる郷土データ・ブック ー2020東京オリンピックに向けてー2017年版	978-4-86200-209-9 本体2500円 2017年3月発行 2020年に開催される東京オリンピック・パラリンピックを見据えて、世界に通用する魅力ある日本の資源を都道府県別に整理。
誇れる郷土ガイドー日本の歴史的な町並み編ー	978-4-86200-210-5 本体2500円 2017年8月発行 日本らしい伝統的な建造物群が残る歴史的な町並みを特集
誇れる郷土ガイドー北海道・東北編 新刊	978-4-86200-244-0 本体2600円2020年12月 北海道・東北地方のユネスコ遺産を生かした地域づくりを提言
誇れる郷土ガイドー関東編ー 新刊	978-4-86200-246-4 本体2600円 2021年2月 関東地方のユネスコ遺産を生かした地域づくりを提言
誇れる郷土ガイドー中部編ー 新刊	978-4-86200-247-1 本体2600円 2021年3月 中部地方のユネスコ遺産を生かした地域づくりを提言
誇れる郷土ガイドー近畿編ー 新刊	978-4-86200-248-8 本体2600円 2021年3月 近畿地方のユネスコ遺産を生かした地域づくりを提言
誇れる郷土ガイドー中国・四国編ー 新刊	978-4-86200-243-3 本体2600円2020年12月 中国・四国地方のユネスコ遺産を生かした地域づくりを提言
誇れる郷土ガイドー九州・沖縄編ー 新刊	978-4-86200-245-7 本体2600円 2021年2月 九州・沖縄地方のユネスコ遺産を生かした地域づくりを提言
誇れる郷土ガイドー口承・無形遺産編ー	4-916208-44-7 本体2000円 2001年6月発行 各都道府県別に、口承・無形遺産の名称を整理収録
誇れる郷土ガイドー全国の世界遺産登録運動の動きー	4-916208-69-2 本体2000円 2003年1月発行 暫定リスト記載物件はじめ全国の世界遺産登録運動の動きを特集
誇れる郷土ガイドー全国47都道府県の観光データ編ー 2010改訂版	978-4-86200-123-8 本体2381円 2009年12月発行 各都道府県別の観光データ等の要点を整理
誇れる郷土ガイドー全国47都道府県の誇れる景観編ー	4-916208-78-1 本体2000円 2003年10月発行 わが国の美しい自然環境や文化的な景観を都道府県別に整理
誇れる郷土ガイドー全国47都道府県の国際交流・協力編ー	4-916208-85-4 本体2000円 2004年4月発行 わが国の国際交流・協力の状況を都道府県別に整理
誇れる郷土ガイドー日本の国立公園編ー	4-916208-94-3 本体2000円 2005年2月発行 日本にある国立公園を取り上げ、概要を紹介
誇れる郷土ガイドー自然公園法と文化財保護法ー	978-4-86200-129-0 本体2000円 2008年2月発行 自然公園法と文化財保護法について紹介する
誇れる郷土ガイドー市町村合併編ー	978-4-86200-118-4 本体2000円 2007年2月発行 平成の大合併により変化した市町村の姿を都道府県別に整理
日本ふるさと百科ーデータで見るわたしたちの郷土ー	4-916208-11-0 本体1429円 1997年12月発行 事物・統計・地域戦略などのデータを各都道府県別に整理
環日本海エリア・ガイド	4-916208-31-5 本体2000円 2000年6月発行 環日本海エリアに位置する国々や日本の地方自治体を取り上げる